KRAV MAGA クラヴマガ
for ウーマン
WOMAN

クラウマガ・ジャパン 編

世界が選んだ実戦護身術

三交社

世界、そして日本の人々が、心身ともに自信を持って、明るく、楽しく、優しくなれる毎日を送れるように。

松元國士（クラヴマガ・ジャパン創設者）

はじめに

　一般に女性は男性より体格が小さく、体力差があることから、暴力行為を受けると身を守るのが難しく、受けるダメージも大きくなりがちです。しかも、日常生活における暴力行為は、格闘技などと違って、不意をつかれる形で受けることがほとんどなため、より危険度が高まります。

　一方で女性を狙った犯罪は後を絶ちません。2019年度の警察庁のデータによると、ひったくり、配偶者による暴力事件、ストーカー事案、性犯罪のいずれも、被害者の約9割が女性です。すれ違いざまにわざと体をぶつけてくる突き飛ばし通り魔など、女性をターゲットにした新手の犯罪も増えています。

　こうした日常生活にひそむ危険から、身を守るのに有効なのが世界が選んだ実戦護身術「クラヴマガ」です。詳しくは後ほどお話ししますが、クラヴマガはイスラエル軍や米国政府機関でも正式採用されている実戦主義の護身術です。日本より治安の悪い海外や戦闘の場で効果が広く実証されています。

　〝実戦〟と聞くと、自分には無理としり込みする人もいらっしゃるかもしれませんが、実戦を考えた術だからこそ、体格差や体力差をカバーする理論が構築されています。

　体格や体力に劣る女性が、力に力で対抗するのでは、危険な状況から脱出することはできません。力の上回る相手であっても、相手の力を利用しながら一瞬で危険を取り除き、急所（目・首・股間など）に反撃を加えることで、逃げ出す時間を作ることができます。

　そうです、クラヴマガのフィニッシュの形は、危機からの回避です。相手を叩きのめすストリートファイトや型を重んじる武術、あるルールのなかで競い合うスポーツなどと、護身術の

違いがよくおわかりになると思います。なかでもクラヴマガは、人間に備わっている条件反射の動きを利用するため、迷いや無理なく危機を脱することが可能になります。

　本書でこうしたクラヴマガのテクニックを、易しく解説するとともに、野外での実践（実戦）パターンも併せて紹介しています。また、危険に対する意識や、直面したときに必要な心構えについても取り上げ、心身ともに危険から脱出するための術が身につくようにしました。

　襲撃者は特別な理由でもない限り、自分より強そうな相手は狙いません。逆に言うと、心配そうにオドオド歩いているだけで、ターゲットになる確率を高めてしまうことになります。人通りのない夜道を選ぶのも、自ら危険な状況を生み出しているのと同じです。こうした不利な状況を自ら招かないようにすることも、身を守るためには大切です。

　もちろん、クラヴマガでも体作りは重視しています。護身術のトレーニングを通じて、どんなときでも動けるしなやかでバランスのいい体に自然と変化していきます。健康的な体になるのはもちろん、ボディメイク効果も抜群です。身を守る術と理想的な体を同時に手に入れられるのです。

　そして、そこから生まれる自信を、ぜひ家族や身の回りの人、社会へ活かし、平和な世の中が続いていくことが、世界が選んだ実戦護身術、クラヴマガの願いです。

　　　　　　　　　　　　　　　クラヴマガ・ジャパン

クラヴマガ for WOMAN◎目次

はじめに……4
クラヴマガとは?……13

第1章
身 を 守 る た め の 心 得

万全の注意を払い、いち早く危険を察知しよう……18

ターゲットにされないボディランゲージを身につけよう……22

見知らぬ人とは、〝腕2本分〟の距離をとろう……26

相手の怒りを暴力へとエスカレートさせないようにしよう……28

言葉や声を意識的に使い、NOをきちんと伝えよう……33

正当防衛と過剰防衛の境界線を知っておこう……36

歩行時、車、酒場など、シーン別の護身ポイントを知っておこう……39

どんな状況になっても助かると信じよう……44

第2章
護身術の基本的テクニック

▶打撃の基本

〔レッスン01〕3つの基本スタンス……48

〔レッスン02〕打撃に使う体の部位、攻撃に有効な急所……50

〔レッスン03〕拳の握り方……52

〔レッスン04〕左ストレートパンチ……54

〔レッスン05〕右ストレートパンチ……56

〔レッスン06〕掌底打ち（パームヒールストライク）……58

〔レッスン07〕目突き（アイストライク）……60

〔レッスン08〕前へのハンマーフィストパンチ……62

〔レッスン09〕横と下へのハンマーフィストパンチ……64

〔レッスン10〕高い位置への水平肘打ち（エルボー①）……66

〔レッスン11〕横への水平肘打ち（エルボー②）……68

〔レッスン12〕後ろへの肘打ち（エルボー③）……70

〔レッスン13〕後ろ腹部への肘打ち（エルボー④）……72

〈野外実戦〉道を歩いていて、後ろから肩をつかまれたら……74

〈コラム〉臨機応変な対応を可能にするクラヴマガの原理……78

〔レッスン14〕フォワード・ヘッドバット……79

〔レッスン15〕上と後ろのヘッドバット……80

▶キック

〔レッスン16〕股間蹴り（フロントキック）……82

〔レッスン17〕攻撃的な前蹴り（オフェンシヴフロントキック）……84

〔レッスン18〕防御の前蹴り（ディフェンシヴフロントキック）……86

〔レッスン19〕膝蹴り（ニーストライク）……88

〔レッスン20〕回し蹴り(ラウンドキック)……90
〔レッスン21〕横蹴り(サイドキック)……92
〔レッスン22〕前進しながらの横蹴り(サイドキック)……94
〔レッスン23〕後ろ蹴り(バックキック)……96
〔レッスン24〕近距離での後ろ蹴り(ショート・バックキック)……98
〔レッスン25〕近距離での踵蹴り(スタンピング)……99

◤グラウンドテクニック
〔レッスン26〕寝た状態からの前蹴り(フロントキック)……100
〔レッスン27〕寝た状態からの回し蹴り(ラウンドキック)……102
〔レッスン28〕寝た状態からの横蹴り(サイドキック)……104
〈野外実戦〉狭い通路で攻撃者が前から迫ってきたら……106

第3章
こんなとき、身を守るには?

◎素手の相手からの防御
〔レッスン29〕ストレートパンチに対するインサイドディフェンス……110
〔レッスン30〕360度ディフェンス(アウトサイドディフェンス)……112
〔レッスン31〕全方位からの防御とカウンター……116
〔レッスン32〕自らの攻撃につながる防御方法……118
〔レッスン33〕連続するパンチに対するディフェンス……120

◎首絞め

〔レッスン34〕前からの首絞めに対するディフェンス……122

〔レッスン35〕横からの首絞めに対するディフェンス……124

〔レッスン36〕後ろからの首絞めに対するディフェンス……126

〔レッスン37〕前から押されながらの首絞めに対するディフェンス……130

〔レッスン38〕後ろから押されながらの首絞めに対するディフェンス……132

〔レッスン39〕後ろから引かれながらの首絞めに対するディフェンス……136

〔レッスン40〕壁際で前から首絞めされたときのディフェンス……138

〈野外実戦〉壁を背に首を絞められたら……140

〔レッスン41〕壁際で後ろから首絞めされたときのディフェンス……144

◎ヘッドロック

〔レッスン42〕横からのヘッドロックに対するディフェンス……146

〔レッスン43〕後ろからのヘッドロックに対するディフェンス……148

〔レッスン44〕前からのヘッドロックに対するディフェンス……152

◎手首、腕をつかまれたとき

〔レッスン45〕同じ側の手のリストリリース（エルボー・トゥ・エルボー）
……154

〈野外実戦〉ベンチでスマホを見ているときに手を引っ張られたら……156

〔レッスン46〕逆側の手のリストリリース（ヒッチハイク・アウト）……158

〔レッスン47〕高い位置での両手のリストリリース……160

〔レッスン48〕低い位置での両手のリストリリース……162

〔レッスン49〕片方の手首を両手でつかまれたときのリストリリース
……164

〔レッスン50〕後ろから口をふさがれたときの防御……166

〔レッスン51〕髪の毛を引っ張られたときの防御（ヘアグラブ）……168

◎ベアハッグ

〔レッスン52〕前からのベアハッグ①……172

〈野外実戦〉後方からバッグを奪われそうになったら……174

〔レッスン53〕前からのベアハッグ②……176

〔レッスン54〕前からのベアハッグ③……178

〔レッスン55〕後ろからのベアハッグ①……180

〔レッスン56〕後ろからのベアハッグ②……182

〔レッスン57〕後ろからのベアハッグ③(指取り)……184

〔レッスン58〕前からリフティングされたときの護身……186

〔レッスン59〕後ろからリフティングされたときの護身……188

〈野外実戦〉後ろから腰に手を回されて抱えられそうになったら……190

▶グラウンドテク

〔レッスン60〕基本形(バックポジション)……194

〔レッスン61〕グラウンド状態から立ち上がる……196

〔レッスン62〕ガード状態からのキックオフ……198

〔レッスン63〕ガードポジションの際のディフェンス(足フック)……200

〔レッスン64〕マウントからのパンチに対するディフェンス(腰での跳ね上げ)
……202

〔レッスン65〕マウントされている状態から逃げる(トラップ・アンド・ロール)
……204

〔レッスン66〕マウントからの首絞めに対するディフェンス……208

〔レッスン67〕横からの首絞めに対するディフェンス……212

〈コラム〉ベルトやハンドバッグなど防御に使える日用品の使い方
……214

第4章
より危険な場面での上級技

▶複数攻撃からの対処

〔レッスン68〕集団への対応と動き方……218

▶ハンドガン

〔レッスン69〕正面からの銃に対するディフェンス……222

〔レッスン70〕横から頭に銃を突きつけられたときのディフェンス……226

〔レッスン71〕後ろからの銃に対するディフェンス……228

〈野外実戦〉ナイフを持った男が突然目の前に現れたら……232

▶ナイフ

〔レッスン72〕正面からナイフで脅されたときのディフェンス……234

〔レッスン73〕後方からナイフを突きつけられたときのディフェンス……238

第5章
クラヴマガのトレーニング

ケガをしないことを第一に考える……244

武道や格闘技との違いを正しく理解する……246

安全かつ実戦感覚を養う道具を使う……248

短期間で効率的な修得をめざす……250

実戦を想定して、不利な状況からスタートする……252

防御から攻撃への切り替えを意識する……254

危険を察知する習慣を身につける……256

トレーニングを通じて美と健康も手に入れる……258

〈コラム〉女性のためのクラヴマガQ&A……260

クラヴマガ用語集……262

日本のクラヴマガの先駆者　故・松元國士について……267

クラヴマガとは？

イスラエルで生まれた

初めて本書を手に取ってくださったあなたにとって、「クラヴマガ」は聞き慣れない名前かもしれません。ヘブライ語で「接近戦闘術」（クラヴが「戦う（闘う）」、マガが「近く」）を意味するもので、いまから約70年前に戦火の絶えないイスラエルで生まれた戦闘術です。

イスラエルでは現在も徴兵制度があり、女性でも18歳から2年間の兵役が課せられます。十分な訓練期間を与えられないまま実戦に投入される彼女たちが、肉体的にも精神的にも傷つくことがないよう、クラヴマガを学びます。クラヴマガは体格・体力への依存を極力そぎ落とし、徹底的に合理性を追求した結果、女性にとっても短期間で身につき、実戦的に役立つ護身術として評価されています。

クラヴマガは、ほかにもIDF（イスラエルの国防軍）や世界各国の警察、あるいはアメリカのネイビーシールズ（海軍の特殊部隊）、FBIの人質救出チーム（HRT）のほか、ロサンゼルス市警（LAPD）の特殊部隊や、SWAT、シークレットサービスなど、世界有数の対テロ特殊部隊や情報機関で相次いで公式採用されてきました。

このように、クラヴマガは生死のかかった状況で生還するための軍人向け戦闘術として発展してきたものですが、世界の一般向けジムでは、そのなかでも護身に必要なテクニックだけを抽出またはカスタマイズした形で教えています。そのため、一般の男性・女性であっても取り組める、実戦的な護身術として広く認識されるとともに、筋力トレーニングやエクササイズにも向いていることも知られています。

現在では、誰でも習える実戦的な護身術として世界に広まり、

世界が選んだ実戦護身術

2002 年には日本に上陸。2004 年には東京・市ヶ谷に日本初の
クラヴマガ専用のトレーニング施設がオープン以降、東京・青
山や大阪、名古屋などにクラヴマガの専用ジムやクラヴマガが
習えるスタジオがオープンしています。

　また、ブラッド・ピットやレオナルド・ディカプリオ、ジェ
ニファー・ロペス、アンジェリーナ・ジョリーなどのハリウッ
ドスターが映画の撮影のためにクラヴマガでトレーニングを
受けています。日本でもドラマ『東京DOGS』に出演した小
栗旬や、『交渉人』の米倉涼子が取り入れたことでも話題に
なりました。最近では、バラエティ番組や情報番組などでも、
たびたびクラヴマガの護身術が取り上げられています。

身を守るための心得

第 1 章

万全の注意を払い、
いち早く危険を察知しよう

軽く背中を押されただけでも、人は無防備だとよろめきます。不意打ちをくらうのは、非常に危険なことです。相手の攻撃に備えるためには、危険をいち早く察知することです。そして、いちばんの護身は、相手との接触を避け、「逃げる」ことです。

◎歩きスマホで道を歩いていませんか？

　身を守るための最善策は逃げることです。逃げられない場合には、身の回りに武器になりそうなものがあれば、迷わず手に取ります。クラヴマガの護身術を使って、自分の体を張るのは、最後の手段です。

　このように自分の身を守る第一歩はいち早く危険を察知して、そうした状況を招かないようにすることです。

　しかし、私たちは1日の多くの時間を、いわば目隠しした状態で過ごしています。道を歩いていても、頭のなかは予定や考え事でいっぱいですし、土地勘のない場所を訪れる場合には、スマホの地図から目が離せません。イヤホンからは絶えず音楽が流れていて、耳もふさがれています。

　誰もが経験していることですが、鼻が詰まっているときに食事をとると、味覚が落ちます。一つでも感覚が鈍っているだけで、危険の察知能力は著しく落ちるものです。

　だからといって、日常の暮らしで銃弾などが飛び交うわけでない日本において、すべての注意を身の回りの危険の察知に向けることは難しいかもしれません。

　とはいえ、最低限、夜道を歩くときやリスクの高い場所を通るときには、神経を集中させる必要がありますし、体力が落ちているときなどはいつも以上に慎重に行動すべきです。

　また、安全度の高い家や仕事場についても、誰かが身を潜めていられるような場所はないか、あらためて確認してみましょう。

　不審者の侵入を受けた場合に逃げるための動線についてもシミュレーションし、脱出口とする窓などがスムーズに開くか、定期的にチェックを行なってください。

　戒めなければならないのは、自分だけは被害に遭わないという思い込みです。以下に、実際に女性が被害者となった最近の事件をいくつか紹介します。

◎女性の最近の被害例

〔イヤホンをつけた背後からの襲撃〕

　住宅街の路上で、イヤホンをつけて歩いていた女子大学生が背後に人の気配を感じて振り返ったところ、男に突き飛ばされ、バッグを奪われそうになりました。犯人は大手企業に勤める 20 歳代の会社員でした。

〔覆面男が女性を監禁〕

　某県の自治体関連の事務所で、職員の女性が一人でいたところ、覆面をつけた男が押し入り、両腕をひもで縛って監禁しました。幸い女性が男に嚙みつくなど抵抗したところ、逃走しました。

〔すれ違いざまに突き飛ばされて骨折〕

　繁華街にある駅前の歩道で、通行人の女性がすれ違いざまに突き飛ばされ腰を骨折する大ケガを負いました。犯人は30歳代の男で、近隣では同様の事件が多発していました。

〔地下鉄のホームで体当たり〕

　地下鉄のホームで、歩きスマホの女性が男に体当たりされ、胸部に全治3週間のケガを負いました。犯人は50歳手前の会社員で、自らが以前に歩きスマホの人とぶつかって階段から転落したことがあり、その腹いせでした。

　このほかにも、電車内での殺傷事件や駅や商業施設などのトイレでの強姦事件なども起きています。嘆かわしいことですが、ある事件では、特急列車のトイレに無理やり連れ込まれるのを、何人かの乗客が目撃しながらも、誰一人として車掌へ通報しなかったといいます。普通列車の先頭車両で、ほかに乗客がいないなかで、強姦の被害に遭ったケースもあります。

　どの事件も、突然、襲われているため、対処が難しくなっています。クラヴマガの護身術は力のある男性にも、相当な効果を発揮しますが、後手に回るほど厳しい状況に陥ることは言うまでもありません。危険の察知あっての護身術であるという認識をぜひ持ってください。

◎ 〝気づき〟の力を磨く

　このように一見、普通に見える大学生や社会人が暴力的な事件を起こすケースが近年目立っています。動機についても理解不能なものも多く、また、これまで日本では考えられなかったような場所でも事件が起きています。日本の安全神話は、あくまで海外と比較した場合の話であって、誰が被害に遭ってもおかしくありません。その場その場で危険を察知する気づきの力を磨き、自分の身を守る必要があるのです。

◎気づきの力を鍛える視野トレーニング

　では、どのように気づきの力を磨いていけばいいのでしょうか。気軽に取り組めて、即効性が高いのは、視野のトレーニングです。

　人間の目には、「中心視野」（および有効視野）と「周辺視野」という2つの機能があります。本当によく見えるのは、正面の5度程度といわれていて、中心から離れるほど認識が難しくなります。

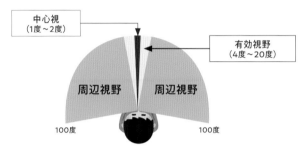

中心視
（1度～2度）

有効視野
（4度～20度）

周辺視野　　周辺視野

100度　　　　　　　　100度

　一方で、周辺視野として見える範囲自体は左右それぞれ約100度あります。色や解像度は認識しづらい代わりに、物の動きは敏感にとらえることが確かめられています。よって、訓練次第では、かなり広範囲にわたって、視覚を通して危険を察知できるようになります。

　トレーニング方法は簡単です。まずは、リビングなどで椅子に腰を下ろします。視線を前に真っすぐ向けたまま、自分の横方向に何があるか、視界の端に映っているものを意識的に認識しようとしてください。家のなかにある物なので、認識するのは比較的容易でしょう。

　慣れてきたら、今度はカフェや公園など、普段あまり行かない場所で、同じようにトレーニングしてみてください。周辺視野を使いながら、周りの人がどんな格好をしていて、何をしているのか。できれば、その人の感情まで読み取ってみましょう。トレーニングを重ねるうちに、今まで気づかなかったことに、自然と気づくようになっていきます。

　こうした視野トレーニングを重ねることで、不審者の接近にもいち早く気づくことが可能になり、攻撃を受ける前に逃げたり、攻撃に対して事前に身構え、瞬時に反撃できるようになります。

ターゲットにされない
ボディランゲージを
身につけよう

危険を事前に察知するスキルを磨くとともに、身につけておきたいのが「ターゲットにされないボディランゲージ」です。隙を見せない歩き方や姿勢を体得し、攻撃者から身を守りましょう。

◎攻撃者はあなたのボディランゲージを見ている

　無数に行き交う通行人のなかから、攻撃者は何を基準にターゲットを選んでいるのでしょうか。

　人が周りにどんな印象を与えるかは、身振りや手振り、歩き方、姿勢、顔の表情といった、言葉以外の「ボディランゲージ」が大きく影響しています。もちろん、「腕組みをしているから」「まばたきの回数が多いから」というだけで、人の感情を判断することはできません。ボディランゲージが発するのは「その人がどれくらい快適もしくは不快なのか」というメッセージだけです。

　たとえば、駅前で腕組みをして壁にもたれ、つま先をトントン何度も踏み鳴らしている人を見れば「待ち合わせに相手が遅れてイライラしているな」と推測できます。実際にその人がどう感じているかは別にして、「私はストレスを感じて不快な状態にあります」というメッセージが、ボディランゲージを介して相手や周囲に伝わっているのです。

　攻撃者は、こうしたボディランゲージを巧みにキャッチし、ターゲットを見つけていきます。

攻撃者から見たターゲットの選び方

Stage1【観察】
　攻撃者は、次のように潜在的なターゲットを遠くから観察・判断します。
●ターゲット全体のボディランゲージ
　①背が高いか　②ガッチリしているか　③自信のある動きをしているか
●環境（ほかの人が攻撃を目撃する環境にあるか）
　①ターゲットがほかの人と一緒か、それともグループか
　②ほかの人がターゲットを見たり聞いたりできるか　③交通量が多いか
●ターゲットの意識レベル（注意散漫かどうか）
　①スマートフォンを見たり、いじったりしている　②電話で話している
　③ぼーっとしている

Stage2【接近】
　攻撃に成功すると判断した場合は、「接近」段階に進みます。攻撃者自身がターゲットに近づいたり、攻撃者がターゲットの進行方向に移動して近づいてくるのを待ったりします。

Stage3【接触】
　「接触」は、ターゲットが自分にどのような反応をするのかを確認するためのアクションです。攻撃者によっては、この段階を完全にスキップして直接攻撃に出ることもあります。

Stage4【攻撃】
　攻撃者がターゲットを物理的に「攻撃」します。ターゲットは攻撃されてはじめて、何が起きているのかを知るのです。

◎自信のあるボディランゲージが攻撃者を遠ざける

　では、どんなボディランゲージが、攻撃のターゲットになりやすいのでしょうか。
　攻撃者は、まず「観察」することでターゲットを絞り込んでいきます。「ターゲットが注意散漫かどうか」「ほかの人が攻撃を目撃する環境にあるか（同行者の有無や交通量の多さなど）」に加え、「ターゲットが自信のあるボディ

ランゲージをしているかどうか」を重点的にチェックします。

　つまり、攻撃のターゲットになりやすいのは「自信のないボディランゲージをしている人」です。

　イメージしてみてください。通りを歩くとき、「地面を見ながらうつむきがちに歩いている女性」と「背筋を伸ばして前方を見ながら歩いている女性」のどちらが自信がなさそうに見えるでしょうか？

　言うまでもなく、誰もが「地面を見ながらうつむきがちに歩いている女性」だと答えるはずです。姿勢や視線の方向など、一つひとつの違いはささいなものですが、相手や周囲——特に潜在的な攻撃者に対しては大きな印象の違いを与えてしまいます。

　自信にあふれていることをボディランゲージで示すには、「猫背にならず、頭を上げ、前を見て、肩を下げ、自然な歩幅でリラックスして歩く」ことを心がけましょう。手はポケットから出してください。また、「何時までにあそこに着こう」「今日は家に帰ったら○○しよう」と、目的を持つだけでも歩き方が変わってきます。

◎自信がなくても「自信があるフリ」をするだけでいい

　なかには、「そもそも自分に自信がないから、自信があるボディランゲージをするのは難しい」と感じた人もいるかもしれません。

　でも、安心してください。口角を上げて笑顔のフリをするだけで、快楽を感じる脳内物質が分泌され、幸せな気分になれるように、背筋を伸ばして前を見て歩くことで、自信があるように見せることができ、攻撃者の気持ちを削ぐことができます。

◎気分の波をボディランゲージに反映させない

　気をつけたいのは、嫌なことがあったり、疲れていたりするときです。ボディランゲージには、その時々の感情が反映されやすいので、いつもは意識

して自信のあるボディランゲージをしている人でも、緊張や恐怖、不安を感じていると、それが歩き方に表れてしまいます。

　こうした心理状態は、攻撃者がターゲットを選ぶサインとなってしまうため、気分によってボディランゲージや注意レベルを変えないよう注意が必要です。

◎どんなときも「リラックスしながら、注意を払う」

　このとき参考になるのが、アメリカの軍や警察組織で活用されている「カラー・コード」というシステムの考え方です。これは、脅威に対して人がどれだけ的確、迅速に反応する準備ができているか、その心理状況を色ごとに段階的に示したものです。準備の度合いが低いものから順に、まったく無警戒な状態の「ホワイトゾーン」、リラックスしながらも注意を払っている状態の「イエローゾーン」、差し迫った脅威に注意を向けている状態の「オレンジゾーン」、明らかに脅威がある状態の「レッドゾーン」となっています。

　警察や軍とは違い、私たちの普段の生活のなかでは差し迫った脅威に見舞われる可能性は少ないため、オレンジゾーンやレッドゾーンの準備は不要です。しかし、気分の落ち込みや疲労によって警戒心が薄れ、ホワイトゾーンに入ってしまうと、攻撃者のターゲットになりやすく、万が一ターゲットになってしまったときにも準備不足で太刀打ちできません。

　どんなときでも、リラックスしつつ注意を払う「イエローゾーン」の状態でいることが、攻撃者から身を守ることにつながります。

「**自信のあるボディランゲージ**」のチェックポイント

□前方を向いているか（うつむいていないなど）
□背筋が伸びた姿勢か
□胸を張っているか
□手は安定しているか（荷物などでふらついていないか）
□立っているときの重心は安定しているか
□歩くときのステップはリラックスしているか
□直接アイコンタクトしているか

見知らぬ人とは、
〝腕2本分〟の距離をとろう

ターゲットにならないためには、相手との距離感が大切です。自分と相手との間には、境界線が存在することを理解し、境界線を超えたとき自分がどう感じるかを知っておくことが、危険を事前に回避するポイントになります。

◎家族や恋人以外との距離感に注意しよう

「パーソナルスペース」という言葉を聞いたことがあるでしょうか。これは、人との境界線のことで、目に見えない縄張りのようなものです。電車やバスで、端の席に座りたくなるのは、両隣を知らない人に挟まれる＝自分のパーソナルスペースに他人が入り込むことを不快に感じる気持ちがあるからです。

　私たちは、パーソナルスペースを相手や状況によって使い分けているのが普通です。親密な関係の家族や恋人ほど距離が近くなる一方で、家ではソファで膝を寄せ合って座っていても、人前では適切な距離をとって座っているはずです。また、パーソナルスペースの広さには個人差があり、なかには「電車で両隣の席が知らない人でも気にならない」という人もいます。

　そのため、オフィスや公共の場では、他者との距離感や自分のクセに気を配ることも身を守ることに役立ちます。

◎「腕2本分」は身体的に安全な距離の目安

　もっとも注意すべきなのが、見知らぬ人と接するときの距離感です。外で道を聞かれたり、お店で声をかけられたりなど、さまざまなシチュエーションが考えられますが、どんな場所であっても、腕2本分、およそ2mの距離をとりましょう。この距離なら、相手と会話ができ、万が一攻撃を受けても

危険を知らせるシグナルに気づくためのエクササイズ

Step 1 【エクササイズの相手を見つける】

パーソナルスペースが近い家族や恋人、友人ではなく、同僚や知人にエクササイズの相手をお願いしてください。

Step 2 【向かい合って立つ】

相手と向かい合って立ってください。そこから一歩前に進み、つま先同士を合わせます。その状態で20秒静止します。話したり笑ったりすることを控え、集中し、自分の体や感じていることに意識を向けましょう。

Step 3 【感じたことを整理する】

何を感じましたか？　首が緊張しましたか？　それとも膝が震えましたか？　吐き気を感じたり、お腹がモヤモヤしたりしたかもしれません。何がシグナルとなるのか、たとえ言葉で説明できなくても、その感覚を覚えておきましょう。それらの感覚は、「何か正しくないことが起きている」と知らせてくれる、生物的直観なのです。

逃げたり、反撃したりする時間的余裕が生まれるからです。

◎境界を侵害された不快感は、身体的な感覚として表れる

　また、相手との関係において「何となく嫌な感じがする」と直感的に感じるのは、相手が境界線を超えてきているというシグナルかもしれません。境界を侵害されたときに感じる不快感は、身体的な感覚として表れます。お腹がモヤモヤする人、息が詰まるような感覚を覚える人など、表れ方はさまざまです。

　パーソナルスペースの侵害は目に見えず、シグナルの表れ方も一定ではないため、なかなか「これが危機を知らせるシグナルだ」と自覚するのが難しいのです。自分の身体にどんな変化が表れるかを知り、その感覚をつかんでおくためにも、上記のエクササイズにぜひ取り組んでみてください。

相手の怒りを暴力へとエスカレートさせないようにしよう

突発的に犯罪などの被害に遭うこともありますが、言い争いがエスカレートして、暴力行為に発展することも少なくありません。また、なだめていたつもりでも、間違えた方法をとると、かえって相手の怒りに油を注ぐことになります。

◎怒りの原因はあなたではない

犯罪目的ではなく、ささいなことが引き金となって〝キレる〟暴力も増えています。加害者側が悪いのは言うまでもありませんが、キレられないようにすることも、護身の一つです。ここでも大切なのは相手を打ち負かすことではなく、いち早く逃げて安全を確保することです。どうでもいい相手にむきになって身を危険にさらすのは、利口ではありません。

言い争いになったり、言いがかりをつけられたりした際に、自身が冷静になるためにまず思い出してほしいのは、相手の怒りの原因があなたにあるとは限らないことです。

キレやすい人は、日常生活でほかにストレスを抱えていて、それをあなたに向けて爆発させているだけのケースが多いのです。あるいは社会的地位が高かったり、優れているといった思い込みがあって、すべて自分の思い通りになると勘違いしている人もいます。いずれにしても、そもそもの怒りの原因が別にあるのですから、まともに話し合っても解決しないのです。

ところが、理性的な人ほど、誤解を解こうと思って、正しい説明をしようとします。けれども、激怒している相手は酩酊状態にあるのと同じです。怒

　りで理解力が著しく落ちていて、そこにあるのは感情だけです。そんな相手に正しい説明をぶつけても聞き入れてもらえないどころか、生意気なことを言っているようにしか受け取られず、相手の怒りをますますエスカレートさせてしまうのです。

　仮に多少理解力が残っていて、あなたの説明により、自分の間違いに気づいたとしても、素直に非を認めるとは限りません。むしろプライドを守るために、余計に攻撃性を増すことも考えられます。事実、そうした例が多いことは、〝逆ギレ〟という言葉があることにも表れています。

　だからかといって、ただ頭を下げて萎縮していると、相手は反撃される心配がないため、図に乗って、日頃のストレスをあなたに向けて爆発させてくるでしょう。

　つまり、難癖をつけられたり、言い争いになったりしたときにすべきことは、自分の正しさを証明することでなく、相手の感情をいかにコントロールするかです。

◎相手の怒りを鎮めるための3つのポイント

　では、相手の感情をコントロールし、怒りを鎮めるためにはどうすればい

いのでしょうか。それには、以下に紹介する３つのポイントを意識するようにしてください。

①弱々しい態度をとらない

　萎縮してうつむいたり、背中を丸めたり、許しを請うように上目遣いをするのは厳禁です。見せかけでも構いませんので、自信のある態度をとり続けましょう。相手は無意識に日頃の鬱憤を晴らす対象を探しています。

　一方で、自ら敵対するような態度をとってはいけません。目を凝視するのは威嚇行為と誤解される恐れがあります。そのため、視線は相手の口元から首元あたりに向けます。こうすることで、いたずらに刺激を与えずに済むだけでなく、自分も相手からの威圧感をあまり感じずに済みます。

　また、腕組みや拳を握りしめるようなポーズはとらないようにしてください。これらは拒絶のボディランゲージとなり、和解ムードを生み出しにくくなります。

　そして、大切なことは、つねに相手が襲いかかってくる可能性を考えて、すぐに防御、反撃に転じる体勢と心の準備をしておくことです。最初に一撃を浴びてしまうと、状況は厳しさを増します。そうでなくても、すでにお話ししたように、無防備な場合と身構えている場合では、ダメージの深刻度が大きく異なるため、注意が必要です。

②相手のテンションに合わせる

　怒っている相手を前に、落ち着いた声で話したり、笑顔を見せたりすることは、多くの場合、逆効果となります。相手からすれば、自分の怒りが伝わっていないように感じるからです。すると、何としても気持ちをわからせようとして、今まで以上に声を張り上げ、威嚇し、最後は暴力行為へとつながってしまいます。極端な例を出せば、怒っているのにニヤニヤされれば、どちらが正しいかは別にして、誰でも怒り心頭になるはずです。

　ですから、じつは声の大きさやテンポは相手に合わせたほうがいいのです。トラブルになった場合でも、相手が恫喝してきたら身を縮こまらせながらではなく、怒鳴り返すくらいの勢いで対応してください。

　たとえば、電車に乗っていて「バッグがぶつかったぞ！」と文句を言われ

ペーシングとミラーリング

　相手のテンションに合わせるうえで覚えておきたいテクニックに、ペーシングとミラーリングがあります。いずれも、心理学的な実験で一定の効果が実証されているものです。

　ペーシングとは、前記したように、相手と声の大きさやテンポを合わせるほか、相手が使っている言葉を、意識的に自分の言葉に盛り込んだり、言語レベルを合わせて会話を進めるものです。相手は無意識のうちに波長が合う感覚を覚え、こちらを敵ではなく、味方と認識するようになります。

　一方、ミラーリングは、相手のしぐさなどを真似して、こちらも無意識に親近感を持たせるものです。ただし、やり過ぎると相手に感づかれ、逆に不快感を与えてしまいます。ですから、「真似する」というよりも、「合わせる」つもりで行なうほうが実践的です。たとえば、相手がジェスチャーを交えながら話すタイプなら、自分も身振り手振りしながら話をしてください。

　こうして相手と呼吸が合ってきたのを感じられたら、自分の話の声やテンポを徐々に下げていきます。すると、同調している相手も、つられるようにトーンダウンし、冷静さを取り戻します。

　いずれも方法はシンプルですが、いきなり実践してうまくいくものではありません。恋愛や営業など、日常生活のなかで試すことができるものですから、日頃から技を磨いておくようにしましょう。磨いておいて損のない技術です。

たときの最悪の反応は、「何、この人……」といったような怪訝そうな表情を浮かべたり、「私ではありません」と即答することです。事実はさておき、相手はあなたのバッグがぶつかったと思っているのですから、頭ごなしに否定してしまうと、意見と意見がぶつかり合うことになってしまいます。毅然とした態度で、「大丈夫でしたか？　どこにぶつかりましたか？」と、事実確認をしつつ、相手を思いやる気持ちを見せるのが、なだめるには賢い方法です。この段階では、自分の非を認めているわけではないのもポイントです。謝るのは事実確認のあとです。

③相手の言い分に理解を示す

　前記したように、相手の言い分に納得ができなくても、理解することは可能です。「あなたはそう考えているのですね？」という返事の仕方をすれば、相手を否定することなく、かつ自分に非があることを認めたわけではない状態を作り出すことができます。相手が「そうだ」と同意すれば、そのことがカタルシスとなり、まず暴力沙汰には発展しません。相手も冷静さを取り戻し、大事に至らずに済みます。

　ただし、なかには初めから難癖をつけたり、金銭目的で絡んでくる悪質なケースもあります。ここまで説明した方法を試して効果がないと感じたら、その場から脱出する方法に頭を切り替えてください。
　たとえば、「話し合うために場所を変えましょう」など適当な理由をつけて移動しながら、隙を見て助けを求めるのも手です。その際は、二人きりの状況を作らないように、人のたくさんいる方向に歩を進めてください。

言葉や声を意識的に使い、NOをきちんと伝えよう

自分では、はっきりとNOを言っているつもりなのに、なかなか相手に伝わらない——。そんな経験をしたことはないでしょうか。その原因を知り、NOが伝わる言葉の選び方や声のトーン、アイコンタクト、表情などを身につけましょう。

◎ NOを伝えるには、「何」を言うかより、「どう」言うか

　NOをきちんと伝えるというと、どんな言葉を使って伝えるか、そう頭を働かす人が多いかもしれません。

　もちろん、相手や状況に応じて使うべき言葉は違ってきます。たとえば、自分の境界とするラインを越えて接近してきた相手には、「どこかに行ってくれませんか」「一人にしてください」といった遠回しな言い方ではなく、「離れて」といったような簡潔で、明確な言葉を選ぶ必要があります。一般に言葉数が多くなるほど、メッセージは伝わりにくくなるからです。

　また、職場の同僚がアプローチしてきたときは、その気がないのであれば、「気持ちはうれしいけれど、仕事関係の人と付き合うつもりはない」とはっきりと伝えるべきです。これからも顔を合わせることを考えると、気が重くなるのはわかりますが、曖昧な返事をするほうが、こじれるリスクは高くなります。

　ただし、気をつけたいのは、どんなに強い言葉を使っても、視線も合わせず、声のトーンも弱々しいと、相手は本気だと受け止めません。逆につけ入る隙がありそうな期待を抱かせてしまうことになりかねません。そうしたことが何回か続いたあとで拒絶すると、相手は裏切られたような気持になって、逆ギレされる可能性も出てきます。

NO を正しく伝えるには、「どんな言葉を言うか」以上に、「どんな態度で言うか」が重要なのです。

◎声そのものが伝えるメッセージ

　態度を構成する要素としては、言葉以外に声やアイコンタクト、表情、ボディランゲージなどが挙げられます。これらがバランスよく組み合わさって初めて、NO を正しく相手に伝えることができます。

　なかでもポイントになるのが、「声」です。声は、大きさ、トーン、抑揚の3つの要素から成り立っています。声の使い方を間違えると、メッセージやその背後にある感情がうまく伝わらず、誤解を生んでしまうこともあります。声の3要素について正しく理解しておきましょう。

①声の大きさ

　声の大きさは、体力や心の動きと相関関係があります。体力があって、自信にあふれる人は声が大きく、体力がなく、自信のない人の声は小さくなりがちです。つまり、小さな声は相手に自信のなさを伝えることになり、NO と口にしても、拒絶の意思が伝わりません。NO を伝えるときは、覚悟を決め、勇気を振り絞って、大きな声を心がけてください。

②声のトーン

　トーンは声の高低のことです。怒りや緊張、恐怖、自信、命令などのニュアンスを相手に伝えます。ホラー映画の「キャー」という高い叫び声に代表されるように、高いトーンは理性を失った恐怖心の表れです。

　NO を伝えるときは、落ち着いた穏やかな声のトーンを心がけましょう。

③声の抑揚

　抑揚は声に強弱をつけることです。心情を相手に伝えます。特定の言葉で語気を強めることで、「ここは特に知っておいてほしい」という気持ちを相手にアピールします。

　また、「やめて？」と語尾を上げてしまうと、「やめてもらえますか？」と

いう〝お願い〟になってしまい、本来伝えたい NO が伝わらないので気をつけたいところです。

◎不快な状況では、言葉と態度の不一致が起こりやすい

　日常生活のなかでは、言葉で伝える内容と、声やボディランゲージなどの態度を一致させることはそう難しくはないはずです。しかし、不快な状況に陥ったときは話が別です。

　ストレスを感じて感情が乱れると、NO を伝えるときの態度のバランスが崩れ、声が出なくなったり、思わず眉間にしわを寄せてしまったりといったことが起こります。

　実際、セコム株式会社が 10 代〜 30 代の女性 200 名を対象に行なったアンケート調査では、犯罪被害にあったときの対応として、大声を上げることができたと回答した人はわずか 13.7％でした。

　相手に恐怖や拒絶を見せると状況が悪化する可能性が高いため、バランスが崩れそうになったときは、NO を伝えるという目的を思い出し、言葉と態度を一致させることを意識しましょう。

NO を伝えるときの態度

1. 声　弱々しいもしくは敵意のある印象を与えない「大きさ」、落ち着いた穏やかな「トーン」、語尾を上げない「抑揚」を心がけましょう。

2. ボディランゲージ　足を肩幅に広げ、両足に体重を均等にかけて立ちます。背中を伸ばし、頭を上げ、手を前に出しましょう。腕組みやポケットに手を入れるのは避けて。緊張が伝わってしまうため、体重を左右にずらしたりペーシング（相手に合わせること）をしたりするのも避けましょう。

3. アイコンタクト　アイコンタクトをし続けましょう。ただ、恐怖、関心の欠如、無視、拒絶、威嚇などと解釈される可能性がある視線は避けてください。

4. 表情　リラックスし、落ち着いた表情を心がけましょう。穏やかで気配りのある表情は、相手の敵意を抑えてくれます。逆に、退屈そうにしていたり、嫌な顔をしていると、敵意を強めてしまう可能性があります。

正当防衛と過剰防衛の境界線を知っておこう

護身術には攻撃的な要素もあるため、「過剰防衛にならないのだろうか」「正当防衛はどの程度認められるのか」と不安に思う人もいるでしょう。加害者にならないためにも、法的な正当防衛と過剰防衛のボーダーラインを知っておきましょう。

◎正しく自衛・反撃するには法的な知識が必須

クラヴマガの護身術は、相手を痛い目にあわせたり、ケガを負わせたりすることを目的としたものではありません。過剰防衛になるのを必要以上に恐れ、危険が迫っているにもかかわらず反撃を躊躇するのは間違っています。かといって、「護身術は、どんな場合でも正当防衛になる」という思い込みも危険です。

自らを被害者にも加害者にもしないためには、どこからどこまでが正当防衛なのかという法的なボーダーラインを知っておくことが重要なのです。

◎正当防衛が認められる４つの条件

身を守るために護身術を使って自衛や反撃をした場合、問われる可能性のある罪は次の２つです。

・「暴行罪」人の身体に攻撃を加えることによって成立する罪
・「傷害罪」で人の身体に傷を負わせることによって成立する罪

どんな状況でも相手に危害を加えれば暴行・傷害罪に問われる可能性があります。しかし、それが「急迫不正の侵害」であり、自分や他人の権利を守

るため「やむを得ずにした行為」であれば違法性はないとされ、正当防衛が
認められます。

　では、正当防衛が認められるには、どのような条件が必要なのでしょうか。
それが、次の４つです。

①不正の侵害であるかどうか

「不正の侵害」とは、実質的に違法性のある生命や身体、財産などへの加害
行為のことです。たとえば、相手が危害を加えてくる行為をやめたあとも反
撃をしつこく続けた場合には、正当防衛が認められない可能性があります。

②急迫性があるかどうか

「急迫性」とは、今まさに危険が身に迫っていることを指します。危害が加
えられそうだという“恐れ”だけでは正当防衛が認められません。すでに危
害を加えられたあと、仕返しにいくことも、正当防衛には該当しません。

③防衛の意思があったかどうか

　不正の侵害から自分や他人の権利を守ろうという「防衛の意思」があった
かどうかも、正当防衛の判断基準になります。逃げる余地があったのに、こ
ちらから積極的に攻撃を仕掛けたり、あえて骨折させようと必要以上の力を
加えたりした場合には、防衛の意思が否定されることになります。

④防衛行為の必要性・相当性があるかどうか

　危険を回避するためにとった防衛行為に必要性・相当性があったか、つま
り「やむを得ずにした行為」だったかということも問われます。

　やむを得ずにした行為＝防衛のため必要最小限度のものであるとされてい
ます。たとえば、素手による攻撃に刃物で対抗するような防衛行為は過剰防
衛とされ、正当防衛と認められない場合もあります。

◎過剰防衛を防ぐ２つのルール

　実際に正当防衛が認められるには、裁判でこれら４つの条件をすべてクリ

アする必要があり、そのハードルは決して低いものではありません。過剰防衛は情状酌量により減刑されるとはいえ、やはりこうした事態を招かないに越したことはありません。

自衛の際は、次の2つルールを守ることを徹底すれば、無用なトラブルを避けられます。

｜ルール1｜ 危険を事前に回避するスキルを磨く

攻撃を加えられれば、どうしても反撃せざるを得ません。可能な限りそうした状況を招かないためにも、これまでにもお話してきたように、危険を事前に察知するスキルを磨き、自信のあるボディランゲージを身につけて、攻撃者のターゲットになりやすい状況を回避しましょう。

｜ルール2｜ 危険が排除されたら反撃をやめる

過剰防衛とみなされないためにも、危険を解除して反撃し、相手の攻撃の手が緩んだら、すぐに戦うことをやめその場から逃げ去りましょう。

歩行時、車、酒場など、シーン別の護身ポイントを知っておこう

ここでは、日常生活のシーン別に、被害に遭わないために予防的に行なっておきたい対策について取り上げます。いずれのシーンでも、基本となるのは、本章の冒頭でふれたとおり、周囲に注意を払い、いち早く危険を察知することです。

◎外出前に必要な準備

　土地勘のない場所を訪れるときは、地図で下調べすることを習慣づけてください。多少、遠回りになっても、人通りが多かったり、警察署や消防署、病院などがルート上にある道を選ぶようにしましょう。

　通勤や通学などでよく通るルートや場所の場合も、交番やコンビニエンスストアなど、万が一の場合に、助けを求められる場所や避難場所を、日頃から頭に入れておくようにします。自治体や警察の防犯情報配信サービスなどにも登録しておき、事件が発生しているようなら少し遠回りでも、より安全なルートを選ぶなどしてください。

　持ち物としては、スマホの充電が十分か確認が必要です。いざというときに助けを求められる人の電話番号を、アドレス帳から探しやすいような形で登録してあるでしょうか。不測の事態に巻き込まれた場合、連絡をとるチャンスはそうありません。一瞬が勝負です。

　また、スマホの充電が切れたり、壊されてしまったときのために、重要な電話番号は記憶しておきましょう。防犯ブザーもできれば携帯するようにしてください。すでにお話ししたとおり、身の危険が迫っているからといって、とっさに大声はなかなか出ないものです。バッグの取っ手部分など、周りの

人からも目に入りやすい場所に付けておくことで、未然に犯罪を防止する効果も望めます。

　なお、荷物などはできるだけ少なくし、軽装を心がけてください。重い荷物を抱えていたり、両手がふさがっていると、とっさの対応を難しくします。逆に普段、カードや電子マネーを利用していても、現金（小銭も）は常備するようにしてください。移動したり、公衆電話を使ったりするときの命綱となります。

◎徒歩、ランニング時の護身

　イヤホンで音楽を聴きながら、夜道を歩いたり、ランニングしたりするのは危険な行為です。後ろから近寄られれば、まず気がつきません。車ではねて、そのまま拉致する事件も実際に起きています。事前に察知しない限りは、防ぎようがありません。

　失恋したなど、心が弱っているときも、普段以上に注意してください。慣れた犯罪者は確実に捕らえられそうな相手を、店などで物色してから行動に移ります。狙われるのは、より弱そうな相手です。ですから、所在なく街を歩いている場合も、どこか目的地に向かっているように力強く歩きましょう。

　また、女性の被害件数が多いのがひったくりです。バッグなどを持つ場合は車道と反対側の手で持つのが基本です。

　通勤やランニングなどで、毎日、同じルートを通るのも狙われるリスクを高めます。ランダムに道順を変えるようにしたいところです。人気の少ない場所を、夜、遅くに帰ってこなければならないようなときは、無理せず、タクシーの利用なども考えてみてください。ワンメーター、ツーメーターで安全を買えるなら、そう高いものではありません（加えて、時間も買えます）。

　なお、不穏な空気を感じたら、直感に従って、その場を離れましょう。自覚できないだけで、必ずそう感じた理由があります。脳は何かを感じとっているのです。

◎車、電車、バス利用時の護身

　自分の車に乗車するときは、辺りに不審者がいないことを確認しながら車に近づき、乗車したらすぐにドアをロックします。もっとも危険なのは、車に乗り込む瞬間です。背後から攻撃を受け、車内に押し込まれると、防御するのは困難です。相手に車に乗り込まれ、ドアを閉められると、助けを呼ぶ声も遠くには届きません。

　あおり運転などを受けて、やむを得ず車を停車させたときは、ドアはもちろん、うかつに窓も開けてはいけません。殴打されたり、服をつかまれて、車外に引きずり出される恐れが出てきます。そもそも、あおり運転をしてきた時点でふつうの相手ではないのですから、ためらわずに警察を呼びましょう。

　また、バスや電車でトラブルに巻き込まれそうになったときには、可能であれば車掌に、そうでなければ周りの人に「助けてください」と声に出して応援を頼むことです。人は頼まれると、見て見ぬふりはなかなかできないものです。

　もう一つ大切なのは、意地を張らないことです。仮に電車内で絡まれた場合は、次の駅で下車して駅員に助けを求めましょう。逃げるのは負けではありません。理性のある人のとる最善の手段です。

◎コミュニティや酒場での護身

　強姦事件の加害者の約8割は、交際相手や配偶者、同級生、会社の上司・

同僚などの顔見知りによる犯行という調査があります。特に近年、急増しているのが、レイプドラッグです。飲食などの席で、相手に気づかれずに睡眠薬を飲ませ、意識を失わせて性暴力に及ぶという卑劣なものです。

護身するには、薬を混入する機会を潰すしかありません。それには、まず自分のグラスを手元から離さないことです。トイレや電話などで席を立ってグラスから離れた場合は、二度と口をつけないことをルール化してください。

席を離れている間に、新しい飲み物が勝手に注文されていても、断る勇気を持ちましょう。「別のものが飲みたい」「ソフトドリンクにしたい」など、別のものを注文する理由はいくらでもつけられます。

また、席にいる間も、グラスをできるだけ自分の手元に置き、視界にとらえておくようにしてください。目を切る時間が数秒あれば、小さな錠剤を入れることは簡単にできます。できれば、何気なくグラスに手で蓋をしておくと、安全度が高まります。

また、たとえ会社の同僚であったとしても、男性と飲食をともにするときは、極力、一人で行かないことです。信頼できる友達と連れ立っていくようにしましょう。万が一、普段感じたことのないような酔いや疲れを感じたときは、友達とすぐにその場を離れましょう。

同様に知人からコミュニティなどへの参加の誘いを受けた場合も、慎重に行動してください。いくら誘ってくれた相手が信頼できそうな人に見えても、本当に信頼できる人かどうかは別です。深く付き合ってみないとわかりません。

詐欺師は一見、人に優しく、笑顔が絶えないものです。優しい言葉やイメージではなく、事実として信頼できるようになるまでは、いつでも引き返せるような付き合い方を心がけてください。

◎自宅での護身

マンションなどに住んでいる場合、エントランスで見知らぬ人の侵入を許さないように注意しながらオートロックを解除するようにしてください。エレベータに乗るときも、不審者がいないか確認しましょう。エレベーター内では、何かの際にすぐ非常ボタンを押せるように、ボタン（入口）付近の壁に背を向けて立つようにします。怪しい人物が乗ってきたときは、スマホに

電話がかかってきたふりをしながら、最寄り階でいったん降りましょう。

　また、戸建てでもマンションでも、ストーカーの被害に遭わないようにするためには、行動パターンをできるだけ読まれないようにすることです。帰宅時間や入浴時間、寝る時間などを知られないようにするために、遮光カーテンを引いておいたり、リビングなどは常時電気をつけておくのも有効です。洗濯物を干すときはあえて男性ものの衣類を交ぜておくのも効果的です。

　もう一つ自宅で女性が被害に遭いやすいのが、押し込み強盗です。押し込み強盗とは、宅配業者を装うなどして玄関のドアを開けさせ、部屋に侵入して金品を奪うものです。同様の手口で性的暴行に至るケースもあります。

　対策としては、まず帰宅時に押し込まれないように、鍵を開ける前に後ろを振り返り、後をつけられていないか確認してください。部屋のなかに入るときは一人暮らしであっても、「ただいま」と声に出して入ることを習慣にしましょう。家のなかに誰かいるとわかったうえで押し込まれるケースは稀なはずです。ドアを閉めたら、真っ先に鍵をします。

　念のため、部屋に侵入者がいないか確認したあと、ドアチェーンもかけます。先にかけてしまうと、侵入者がいた場合に玄関から逃げ出すのが難しくなります。

　そして、玄関のベルが鳴ったときは、いきなりドアを開けず、インターホンやドアスコープで相手を確認します。ドアを開ける必要がある場合に、チェーンをかけたままの状態で対応するようにしましょう。荷物は玄関前に置いてもらうようにして、相手の姿が完全に見えなくなってから、部屋に取り込んでください。

　設備点検などを装うケースもあります。飛び込みの訪問には対応せず、事前に管理会社などから連絡があった場合だけ対応するようにしましょう。

どんな状況になっても
助かると信じよう

誰にも未来のことはわかりません。逃げ出せない、助からないと自ら決めてかかってはいけません。希望を失えば、目の前に脱出のチャンスが訪れても逃してしまうでしょう。最後の最後まであきらめないことが大切です。

◎最初の一撃に効果がなくてもあきらめない

　暴力行為から脱出し、生き延びるためにもっとも大切なことは、目の前の苦境を乗り越えることに、ひたすら全力を尽くすことです。無事に相手から逃げ切るまで、どんな手段を使っても戦い続けなければなりません。

　最初の反撃の一撃に効果がなかったとしても、決してあきらめてはいけません。最悪、自分の命が脅かされている状況です。あきらめていい類いのものではないのです。

　マイナス思考は慎重さにつながり、決して悪いことではありません。危険に対する察知能力を高めます。

　しかし、目前に危険が差し迫ったときは、たとえ悲観的な結末が99％予想されても、その考えを頭から振り払ってください。「こんなに体力差のある男性に敵うわけがない」「逃げてもどうせ追いつかれる」——。結果の出る前から、自ら被害者になってはいけません。

　相手も興奮状態にいます。冷静に観察すれば、必ず隙が見つかります。そもそも相手は反撃されることを想定していないため、チャンスは十分にあるのです。

　野生の世界でも、必ずしも力のあるほうが勝利するわけではありません。母親が子どもを守るように、必死さこそ最大の武器です。ましてこれからクラヴマガの技術を修得するのですから、相手を叩きのめすことはできなかっ

　たとしても、ダメージを与えて逃げ出すことは十分に可能なのです。

◎相手を傷つけることを恐れない

　一般に男性よりも女性のほうががまん強いという意見に対して、多くの人が賛同すると思います。ただし、そのがまん強さは他人のために発揮されることが多く、女性は他者を傷つけることに本能的に向きません。凶悪な犯罪ほど男性の占める割合が高いことも、その理由の一つでしょう。

　けれども、護身のために反撃し、相手を傷つけることにためらう必要はありません。もし、みなさんの最愛の人が暴行されている姿を目撃したらどうしますか？　近くに武器となるものがあれば手に取り、ただただ助けることだけを考えて相手に立ち向かうはずです。

　ぜひそうした気持ちをご自身にも向けてください。相手の目に指を入れたとしても、鼻に拳を叩きつけたとしても、あるいは引っかいたり、噛みついたりしたとしても、身に危険が迫っているのであれば、誰にとがめられるものではありません。

　あなたのほうが相手より、肉体的にも、精神的にも大きなダメージを負っては元も子もありません。非常事態においては、自分が他者を傷つけることを許容してください。

護身術の基本テクニック

第2章

| 打撃の基本 |

3つの基本スタンス
ニュートラルスタンス／パッシヴスタンス
ファイティングスタンス

現実に襲われる状況下では無防備な状態が多いことから、練習のスターティングポジションは基本的に「ニュートラルスタンス（自然な体勢）」か「パッシヴスタンス（受身の体勢）」から始めます。しかし、逃げることができず、戦いが避けられない状態を想定した練習を行なう場合は「ファイティングスタンス（攻撃体勢）」からスタートします。

| ニュートラルスタンス

| パッシヴスタンス

両足は肩幅かそれよりもやや狭めに開いて立ち、両手は力を入れず両サイドに垂らします。戦う状態でも脅されている状況でもない、自然な状態です。

足を前後左右にやや開き、膝を軽く曲げ、脇を絞めて両手を肩の高さまで上げます。手のひらを相手に向け、戦意がないことを示します。

Hint

相手と対峙した際、右利きの人は左足を一歩踏み出す左構えのスタンスを推奨します（左利きの人は右構え。利き腕を後ろにする）。相手の多くは右手で攻撃してきます。それを左手でブロックし、次に最強の武器である右手で反撃するためです。後ろ足の踵をやや浮かせて立つと機動力が上がります。

ファイティングスタンス

縦幅を歩幅程度に開き腰を落とします。体重は母指球（親指の付け根部分）に乗せ、急所を守るため顎を引き、脇を絞めて両手を顔の高さに置きます。

| 打撃の基本 |

打撃に使う体の部位、攻撃に有効な急所

クラヴマガでは、さまざまな格闘技から実戦で使えるテクニックを取り入れ体系化しています。しかし、格闘技がほぼ等しい条件の下で、スポーツとして勝敗を争うのに対し、クラヴマガが想定する環境と目的は大きく異なります。相手に勝つためではなく、急所を攻撃して相手をひるませ、逃げる隙を確保して危険から脱出することこそがクラヴマガなのです。

部位

頭
拳
前腕
指
手のひら
肘
小指の外側
膝
脛
踵
足裏

拳や脛などはある程度の鍛錬が必要ですが、肘や膝、手のひらや足裏などは、そもそも太い骨でできていたり衝撃に強いなど、鍛えなくてもある程度相手に有効なダメージを与える部位もあります。

Hint

急所の場所を知っていても、反撃の方法が間違っていたり、打撃の程度が足りなかった場合は十分な効果が得られないことがあります。その場合、相手を逆上させるだけの結果になりかねません。また、短時間しか相手を無力化できない場合は、逃げたところでまた追いつかれてしまいます。

急所

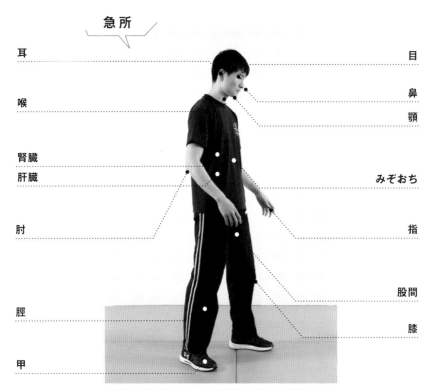

耳　　喉　　腎臓　肝臓　肘　脛　甲

目　鼻　顎　みぞおち　指　股間　膝

股間、喉、目、鼻など、いくら屈強で肉体的な男性であっても鍛えることができない急所。体格の小さい女性であっても、急所に有効な攻撃を加えることで相手を無力化させることができます。

拳の握り方

格闘技が未経験の方にとっては、パンチの基本となる拳の握り方もわからないのは当然です。有効な攻撃方法ではありますが、細かい骨が集まった指で打撃を行なうため、相手の顎や頬などの硬い部分が当たった場合や、握り方や当てる場所を間違うと骨折などのケガの原因になってしまいます。特に親指の位置に注意しましょう。

1 小指から順に 4本の指を巻き込む

親指以外の4本の指を、小指からゆっくり折り曲げてすき間ができないようにしっかりと巻き込んでいきます。慣れるまでは別の手で補助するといいでしょう。

2 握った指に すき間がないか確認

このとき、拳が緩んでいると、パンチの際、相手にダメージを与える前に自分の指を負傷してしまうことがあるので、すき間なく握れているか確認しましょう。

3 最後に親指で しっかり押さえる

最後に親指を曲げて、人差し指と薬指の第一関節の辺りをしっかりと上から押さえます。このとき、絶対に親指を拳のなかに握り込んではいけません。

4 人差し指と中指の 部分を回転させる

パンチを打つ際、手首は真っすぐ前に向けます。そして、拳を 45 〜 90 度回転することでパワーを増幅させ、人差し指と中指のナックル部分を標的に当てます。

打撃の基本

左ストレートパンチ

ファイティングスタンスから、相手に近い左の拳を前に伸ばす、ボクシングでよく使われる「ジャブ」です。距離感がつかみやすく、瞬時にパンチを出すことができ、姿勢を崩さずにスターティングポジションに素早く戻ることができます。

スターティングポジション

左足を前に出したファイティングスタンスから始めます。

1 肘を下向きに保ち 左の拳を突き出す

重心は両足の母指球（親指の付け根部分）に。その足の力を使い、肘をできるだけ下向きに保ったまま左の拳を前に突き出します。同時に肩と腰を回して拳にパワーを伝えます。

Hint

速くて軽い「ジャブ」は、スポーツ格闘技では有効ですが、コンバティヴ（戦闘）やセルフディフェンス（自己防衛・護身）では有効ではありません。クラヴマガでは、スポーツ格闘技の「ジャブ」のような概念ではなく、一発一発が100%の全力です。ウォーミングアップではこの「ジャブ」から始めます。

3 ポジションを戻し　タイミングを計る

拳に乗せた体重を戻し、パンチを放った左手を素早く引きつけます。スターティングポジションに戻り、相手の動きを見ながら次の動作に向けてタイミングを計ります。

2 拳を回転させながら　標的を打ち抜く

拳を45〜90度回転させながら、人差し指と中指の部分を打ち出します。標的に当てるだけでなく撃ち抜くように打つことが重要で、インパクトの瞬間は拳に体重を乗せましょう。

Lesson 05

| 打撃の基本 |

右ストレートパンチ

ファイティングスタンスから後ろの手でパンチを打ち込みます。格闘技では「クロス」とも呼ばれ、前の手で打つ「ジャブ」よりも、腰の回転がより加わることで威力は格段に増します。しかし、パンチ後のディフェンスに注意が必要です。

スターティングポジション

左足を前に出したファイティングスタンスから始めます。

1 母指球に重心をかけ 後ろの手の拳を出す

重心は両足の母指球（親指の付け根部分）に。その足の力を使い、肘をできるだけ下向きに保ったまま後ろの手の拳を前に突き出します。同時に肩と腰を回して拳にパワーを伝えます。

2 拳を回転させながら 標的を打ち抜く

拳を 45 〜 90 度回転させながら、人差し指と中指の部分を打ち出します。標的に当てるだけでなく撃ち抜くように打つことが重要で、インパクトの瞬間は拳に体重を乗せましょう。

Hint

母指球に重心をかけた後ろの足は、つま先をしっかり地面につけたままひねることで下半身の重心を拳に伝えます。パンチのあとのカウンターパンチを避けるため、顎を引き、左手と右肩全体で顎を守ります。パンチに体重を乗せることで前傾した姿勢を素早く戻し、距離を保つことも重要です。

ストレートパンチ

ローへのストレートパンチ

3 ポジションを戻し タイミングを計る

前傾した重心を戻し、パンチを放った右手を素早く引きつけます。スターティングポジションに戻り、相手の動きを見ながら次の動作に向けてタイミングを計ります。

打撃の基本

掌底打ち（パームヒールストライク）

拳を当て右ストレートパンチと同じ動作で、手のひらを開き、指はわずかに曲げながら掌底（しょうてい）と呼ばれる手のひらの付け根の部分を突き出します。もともと硬い部分なので、拳でのパンチにまだ慣れていない人にも有効です。

スターティングポジション

左足を前に出したファイティングスタイルから始めます。

1 後ろ足をひねりながら手のひらを押し出す

肘を下向きに保ちながら、右手の手のひらを開いて押し出します。後ろ足は母指球（親指の付け根部分）を軸にひねりながら、肩と腰を回転させてパワーを増幅します。

2 手のひらが当たる瞬間さらにパワーを加える

手のひらが標的に当たる寸前に手首を内側にひねります。手首をひねることで腕の筋肉が硬くなり、さらにパワーが加わるとともに、手首をケガから守ることができます。

Hint

拳でのパンチにまだ慣れていない、うまく力が入らない人に効果的です。ふくらみのある手のひらの付け根の部分はもともと硬く、当たる瞬間に手首をひねることでさらにパワーが増します。手首のひねりがないと、衝撃で手首が反り返ってしまいねんざや骨折の危険も。下顎のほか、頬骨、鼻などを狙います。

ストレートパンチの動きで、急所でもある下顎を突き上げます

3 前傾した重心を引き戻し スタートポジションに

手のひらに体重を乗せて前傾した重心を引き戻し、安定した両足バランスに戻すとともに、掌底を放った右手を素早く引きつけてスタートポジションをとります。

打撃の基本

目突き（アイストライク）

カウンターパンチの別バージョンで、拳や掌底ではなく、揃えた指を相手の目に向かって突き出します。目突きや股間蹴りなど、スポーツや格闘技では反則技とされる急所攻撃こそがクラヴマガの自己防衛・護身のテクニックです。

スターティングポジション

左足を前に出したファイティングスタイルから始めます。

1 開いた手を肩と腰を回して前に突き出す

目突きは左右どちらの手でも行なえます。右手の場合は、手を開いた状態で肩と腰を回して突き出します。後ろ足は母指球に体重を乗せ踵を返します。

斜め45度の角度で突き刺す

2　当たる寸前に 5本の指を揃え 突き刺す

手が標的に当たる寸前に、手首のスナップを利かせ、5本の指を槍の先のように揃えます。指を緊張させ、ナックルの部分が少し曲がる形で突き刺します。

| 打撃の基本 |

前へのハンマーフィストパンチ

ストレートパンチを出す距離よりも相手が近くにいた場合。クラヴマガの近距離攻撃の代表がハンマーフィストパンチです。拳を握ったとき、小指側の側面にある肉のついた部分で攻撃。ガードをしつつも、体全体を使ってパワーを乗せます。

スターティングポジション

両手を肩の高さまで上げたパッシヴスタンスから始めます。

1 腕と肘をねじり 拳はまだ握らず 腕を振り上げる

振り下ろす右手を、腕と肘をねじりながら顎から眉の高さまで振り上げます。このときはまだ拳は握っていません。

Hint

右手を振りかぶる際は、頭の上、あまり高くまで振り上げてはいけません。動きが遅くなるだけでなく、相手にこのあとの動きが読まれてしまいます。パンチの打ち始めでは手のひらを標的に向け、さらに当たる寸前には拳を返し、手首の回転力を加えながら拳の側面を打ちつけます。

相手をなだめても攻撃しかけてきたときは、左手で相手を制止させ、同時に右手を振りかぶります。そのまま拳を作って振り下ろすのですが、腕の力だけでは弱いので、後ろ足の踵を上げてターンしながら、肩と腰を回転させ、体全体を使ってパワーを加えます。

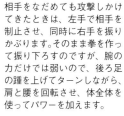

2 両足の力と肩と腰の回転で拳を振り下ろす

その名のごとく、拳をハンマーのヘッド部分、前腕を柄の部分に見立て、小指の外側の肉のついている部分を打撃点にして、顔面や肩に拳を振り下ろします。

横と下への
ハンマーフィストパンチ

横へのハンマーフィストパンチ

横へのハンマーフィストパンチはどのスタンスからでも始められますが、不意打ちへの対応で用いることが多いので、まずはパッシヴスタンスから打撃の練習を始めましょう。トレーニングは左右両方行ないます。

スターティングポジション

両手を肩の高さまで上げたパッシヴスタンスから始めます。

1 肘は軽く曲げ
上げた右手を
横に打ち込む

右手の肘を軽く曲げながら横に上げ、手が標的に向かうのに合わせて腰と肩を回転させます。

2 当たる瞬間も
肘は伸ばさず
過伸展を予防

肘を曲げたまま、拳の肉のついた部分で打つ。肘を曲げることで関節の過伸展を予防します。

顔を守るため、顎を引き、左手でガードします。打ち出す方向に体重も乗せ、左足の伸びの反動もパワーに。

横へのパンチの打ち始めは手の甲を標的に、下へのパンチは手のひら側を下向きにして、どちらも当たる寸前に手首を返して小指側の肉のついた部分で打ちます。この回転力を加えることで、パンチにパワーが加わります。打ったらすぐに腕を戻して、安全な距離をとりましょう。

下へのハンマーフィストパンチ

ハンマーフィストパンチは正面と横以外に、下にも攻撃することができます。まず股間蹴りなどで相手をひざまづかすことができたら、首筋の後ろ側を狙い、全身を使ってハンマーパンチを振り下ろします。

1 手を振り上げ 体重をかけて 拳を下ろす

左手で相手を抑え込み、右手を大きく振り上げ、体重を乗せて一気に拳を振り下ろします。

2 拳に合わせ 腰と肩を回転 膝も折り込む

パンチの振り下ろしに合わせて、腰と肩を回転。同時に膝も折り込むことでパワーが出ます。

相手が正面から迫ってきたら股間蹴りを繰り出します。相手がひざまづいたところで、急所である首筋を狙って小指側の肉のついた部分を打ち込みます。

Lesson 10

| 打撃の基本 |

高い位置への水平肘打ち
（エルボー①）

相手との距離が近い、接近しているときに有効なのが肘打ち
（エルボー）です。肘はもともと硬い部分なので、鍛えていな
くても威力は抜群。ここではトレーニングが目的のため、変
形のパッシヴスタンスからスタートします。

スターティングポジション

両手を肩の高さまで上げたパッシヴスタンスから始めます。

1 鋭角に曲げた
肘を水平に出し
同時に腰も回転

スターティングポジションで上
げた両手のまま、右肘を鋭角に
曲げて、肘の先端を水平に鋭く
振り出します。肘の動きに合わ
せて腰も回転させます。

Hint

相手が近づいてきたときはその場で、少し距離がある場合は左足を軽く前方に踏み出し、相手との距離を詰めます。ヒットさせたあとは、すぐにスターティングポジションに戻って、相手の動作を確認しながら次の動作に向けてタイミングを計ります。

水平に鋭く肘を振り出す

2 狙うのは顔か喉 肘の先端部分で ヒットさせる

狙う場所は、相手の顔面または喉。当てるポイントは、肘の先端部分です。当たると同時に、体をさらに回転させることでパワーが増幅されます。

Lesson 11

| 打撃の基本 |

横への水平肘打ち
(エルボー②)

横の肘打ち（エルボー）とは、横からくる相手に対して横への動きで肘を打ち出すものです。どのスタンスからでも始められますが、トレーニングではニュートラルスタンスかパッシヴスタンスから始めましょう。

スターティングポジション

ニュートラルスタンスまたはパッシヴスタンスから始めます。

1 肘を鋭角に曲げ 肩の高さまで 距離も詰める

左右の手を肩の高さまで上げ、右手を体に寄せて肘を鋭角に曲げます。そのまま肘を肩の高さまで上げます。相手との距離は左足をずらして詰めます。

Hint

左右の手を肩の高さに上げたとき、手は拳を握っても、開いたままで少し指を曲げたリラックスした状態でも、どちらでも大丈夫です。それは右肘を打ち込む瞬間も同じです。ヒットさせたあとは、すぐにスターティングポジションに戻り、相手の動作を確認しながら次の動作に向けてタイミングを計ります。

2　上体を右に傾け肘の先端で打つ

右手がばたばたと羽ばたくような動きにならないようにします。上体を右に傾け、肘の先端部分で相手の顔面や喉を狙います。打ち出すとき、両足を使ってパワーを増幅させます。

｜打撃の基本｜

後ろへの肘打ち
（エルボー③）

相手との距離が近い、接近しているときに有効な肘打ち（エルボー）は、後ろからくる相手に対しても効果的です。トレーニングでも実際のシーンを想定して、自然体で無防備なニュートラルスタンスから始めましょう。

スターティングポジション

ニュートラルスタンスまたはパッシヴスタンスから始めます。

1 まず確認をして肘を鋭角に曲げ肩の高さまで

まずは相手が攻撃者であることを肩越しに確認します。左右の手を肩の高さに上げたあと、右肘を鋭角に曲げ、そのまま肘を肩の高さまで上げます。

Hint

後ろからくる相手に対しては、攻撃者かどうかの確認は欠かせません。また、肘を打ち込む際にもターゲットを確認するために目視をします。ヒットしたあとは、相手と正対し、相手の動作を確認しながら次の動作に向けてタイミングを計ります。この間は 1 秒とかかりません。素早い状況判断が必要です。

2　肩越しに相手を確認
体を回して肘を打つ

攻撃に備えて顎を深く引きながら、肩越しに相手の位置を確認します。肩や肩甲骨をリラックスさせて腰を回転させ、肘の先端の少し上の部分を顔面や首筋などに打ち込みます。

| 打撃の基本 |

後ろ腹部への肘打ち
（エルボー④）

この後ろ腹部への肘打ち（エルボー）とは、前ページと同様に後ろからくる相手を狙うものです。

スターティングポジション

ニュートラルスタンスまたはパッシヴスタンスから始めます。

1 膝を軽く曲げ 重心を落とし 肘を曲げる

両膝を軽く曲げ、重心を落とします。右手の肘を曲げ、相手のポジションを確認します。

相手が攻撃者であると確認したうえで、重心を落として肘の先端を胃や肋骨に打ち込みます。すると相手は息ができず悶絶します。その際にその場から離れ、相手と正対し、相手の動作を確認しながら次の動作に向けてタイミングを計ります。

2　肋骨や胃を狙って 肘の先端を打ち込む

腰を落とし、重心を安定させながら、真っすぐ後ろに曲げた状態の肘を送って相手の肋骨や胃に当てます。当てるのは肘の先端の少し上。体の回転でパワーも増幅させます。

Scene A | 打撃の基本 |

道を歩いていて、後ろから
肩をつかまれたら~相手が離れている場合~

step 1 肩をつかまれ 引き寄せられる

不意をつかれているため対応が難しいのですが、倒されないようバランスに気をつけましょう。

step 2 振り向きざまに 相手の手を払う

引き寄せる力に逆らわずに体を回転し、相手と正対します。その際、顎を引き、相手の手を払います。

肩をつかんだ腕を振りほ
どくことができれば、反
撃の態勢をとりつつ距離
をとることが大切。股間
蹴りをいつでも打てるよ
うにしておきます。

攻撃したら
素早く逃げよう！

step 3　敵とわかれば反撃の準備

力が強く相手の手が
離れない場合は、相
手の腕に体重を乗せ
バランスを崩しま
す。

step 4　顎に向け水平エルボー

右肘を鋭角に曲げて、自分
の前で水平に鋭く肘を振っ
て、相手の顔面に肘を当て
ます。

step 5　すかさず股間蹴り

相手の右手をつかんだまま、すかさず
股間蹴りを決めます。

step 6　ひるんだら素早く避難！

相手がダメージを受けひるんだら、す
ぐさまその場から逃げます。

Scene B | 打撃の基本 |

道を歩いていて、後ろから
肩をつかまれたら〜相手が近い場合〜

1 後ろから
肩をつかまれる

不意をつかれているので難しいのですが、倒されないようバランスをとります。可能なら相手を確認。

2 重心を安定させ
みぞおちに肘

腰を落として重心を安定させ、体を回転させると同時に肘を鋭角に曲げ、鋭くみぞおちにエルボー。

step 3 下から上に タテの エルボー

続いて後ろ上向きにエルボーを放ちます。肘が相手の顎に当たるように狙って振り上げます。

step 4 肩と腕を つかんで

相手の右腕と右肩をしっかりつかみ、相手が体を沈めるのを防ぎます。

step 5 ボディに 膝蹴り

相手の体を下向きに引きながら、右膝を鋭く蹴り上げます。

step 6 ひるんだら 素早く避難！

相手がダメージを受けひるんだら、すぐさまその場から逃げます。

臨機応変な対応を可能にする
クラヴマガの原理

　クラヴマガは、シンプルで、アグレッシヴで、学びやすく、とっさのときにも思い出しやすい防御と反撃のためのシステムです。そのためトレーニングにおいては、テクニックよりも原理に焦点を絞っています。

　なぜなら、同じ攻撃は二度とないからです。相手や状況によって、臨機応変に対応する必要があります。それには、クラヴマガのシステムを支える原理を深く理解しておくことが重要です。

　クラヴマガのエッセンスを理解していただくために、下記に基本となる原理を定義しました。

<＜クラヴマガの原理＞>

・テクニックは、自然の本能（条件反射）に基づいた動きであるべきである。

・テクニックは、目の前の危険に対処するものでなければならない。

・テクニックは、防御と反撃を同時に行なうものでなければならない。

・1つの防御で多様な攻撃に対処できなければならない。

・ある分野で学んだ動きが別の分野での動きと矛盾するのではなく、
　むしろ補うようにシステムを統合するべきである。

・テクニックは、アスリートだけでなく、ふつうの人でも学べるものでなければならない。

・テクニックは、不利なポジションから使えるものでなければならない。

・トレーニングは、実際の攻撃で経験するのと同じ
　ストレスや緊張を含んだものでなければならない。

Lesson 14

| 打撃の基本 |

フォワード・
ヘッドバット

Hint

理想は鼻ですが、つねに相手の眉より下を狙いましょう。相手の頭をつかんだ場合は、顎が下がらないように注意。顎が下がると、自分の頭が相手の頭蓋骨に当たってしまい、こちらも思わぬケガを負う場合があります。

至近距離にいる正面の相手に対して効果的な打撃技です。相手も自分も立っている状態や、つかみ合いの状態で使います。相手の鼻や頬骨に、自分の額のいちばん上、髪の生え際部分をぶつけます。

スターティングポジション

至近距離に立ち、相手の頭をつかんだ状態から始めます。

1 歯を食いしばり 全身を使って 頭を突き出す

首に力を入れて歯を食いしばり、足と上半身を使って頭を突き出します。相手の頭（耳や側頭部の髪）をつかんでいると、よりコントロールしやすくなります。

上と後ろへのヘッドバット

上へのヘッドバット

相手に正面から覆いかぶされた場合や、護衛のため懐に飛び込んだものの回避できなかった場合などには、そのまま頭を突き上げて攻撃します。身長差が大き過ぎると、効果がないことがあります。

スターティングポジション

相手と正対し、自分の頭を相手の胸の高さに合わせて始めます。

1 頭頂部を相手の下顎に突き上げる

首に力を入れ、歯を食いしばった状態で、頭をそのまま頭上に突き上げます。相手の下顎を狙い、頭頂部もしくは後頭部寄りの部分をぶつけます。

Hint

相手の顔の位置が自分より高い場合は、頭頂部および後頭部をぶつけます。狙う場所は、顎、鼻などの急所です。

後ろへのヘッドバット

ベアハッグの流れで多く使われるテクニックです。後ろから組みつかれた場合や、ダブルオーバーと呼ばれる後ろからのヘッドロック（首絞め）などに応用ができます。上向きに打ちますが、頭頂部ではなく、後頭部よりの部分を当てます。

スターティングポジション

相手に背を向け、ベアハッグでとらえられた状態から始めます。

1　腕をホールドし首を反らして鋭く打ち込む

持ち上げられないように相手の腕をホールドし、後頭部を後ろへ鋭く打ち込みます。舌を噛まないように、歯をしっかりくいしばっておきましょう。

股間蹴り（フロントキック）

フロントキックには2種類の蹴り方があります。1つはレギュラーで、足の甲を使って股間を狙います。2つめは、母指球（親指の付け根部分）を使ってタテの標的を狙うものです。まずはシンプルなレギュラーから練習しましょう。

スターティングポジション

左足を前に出したファイティングスタンスから始めます。

1 膝を先行させて 蹴り足を上げる 腰も突き出す

蹴り足（奥足）は足先からではなく、膝を先行させて曲げながら振り出します。そのとき、腰とお尻を突き出しながら動かすことで、パワーが上がります。

ターゲットを振り抜くように蹴り上げるのも、強く蹴るうえでの重要なポイントです。股間ではなく、へそ辺りを蹴るイメージでしっかり蹴り上げましょう。足の当てる場所は、足の甲から足首周辺の当てやすい部位で。蹴り足を引くことで威力も増しますので、素早く引くことも意識しましょう。

2　靴紐を結ぶ辺りで
　標的を蹴り抜く

腰が前に出てきたところで、標的を蹴り抜くように足先を蹴り出します。軸足（左足）でわずかに回転すると、腰が開いて蹴りが伸びます。当てる部分は甲の靴紐を結ぶ辺り。

攻撃的な前蹴り
（オフェンシヴフロントキック）

基本のフロントキックのもう1つ、母指球（親指の付け根部分）を使って相手の体の中央か胸部に正面から蹴り込む方法です。タテの標的を打ち抜いてダメージを与えるという、オフェンシヴ（攻撃的）な前蹴りです。

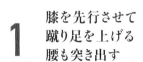

スターティングポジション

左足を前に出したファイティングスタンスから始めます。

1 膝を先行させて蹴り足を上げる腰も突き出す

前ページで紹介した前蹴りや股間蹴りと同様に、膝を先行させて右足を上げていきますが、標的が上部に位置しますので、蹴り上げることはしません。

Hint

足を押し出す瞬間、つま先を甲に向けて反らします。そうすることで母指球が前に出て硬くなるので、衝撃力はアップします。母指球で蹴る感覚は、その場でジャンプした際に、足裏全体で地面をとらえるよりも、母指球でとらえたほうがうまく飛べる。その感覚を地面を蹴る練習でつかみましょう。

相手の姿勢が低ければ、顎や顔を蹴ることもできます。

2 足先から腰まで
一直線の状態で
母指球で蹴る

基本は、足先から腰までが一直線な状態で蹴り込みます。蹴る瞬間につま先を甲側に向けて反らせ、相手の腹部に足の母指球で突き刺すように蹴ります。

┃キック┃

防御の前蹴り
（ディフェンシヴフロントキック）

前ページの攻撃の前蹴り（オフェンシヴフロントキック）は、相手にダメージを与えるものでしたが、こちらは相手の前進を止めたり、近づいてきた相手を突き放すのが目的の防御的（ディフェンシヴ）キックです。

スターティングポジション

左足を前に出したファイティングスタンスから始めます。

1 蹴り足を上げる
その時点で
つま先を反らす

前ページの攻撃の前蹴りは、それまでのフロントキック同様、つま先は下を向いていました。ここでは足を上げた時点で、つま先を自分側に反らします。

Hint

足裏が当たる瞬間、膝は少し曲げておきます。そうすることで膝の関節が伸びてしまう過伸展を予防するとともに、リーチが伸び、パワーが大きくなります。キック経験のない人は、膝が過伸展になる危険があるので、必ず止まっている相手で練習してから、前進してくる標的に移るようにしましょう。

2　膝を少し曲げたまま
足の裏全体で押す

右足を伸ばしながら、足の指の付け根から踵まで、足の裏全体を使って、前ページの同じ体の中央や胸部を押し返します。ベースとなる左足の力も使えばさらにパワーが出ます。

膝蹴り（ニーストライク）

フロントキックが足を使ったストレートパンチだとすれば、この膝蹴り（ニーストライク）は肘打ち（エルボー）に当たります。相手との距離が狭い、ショートレンジで有効な攻撃手段であり、一撃で相手を倒す破壊力があります。

スターティングポジション

左足を前に出したファイティングスタンスで、相手に近い間合いから始めます。

1 右の腕と肩を両手でつかみ右肘でブロック

相手の右肩を右手、右腕を左手でつかみます（皮膚ごとしっかりと）。相手の突進を避けるため、右肘を下に向けて右肩に前腕を当ててブロックします。

Hint

相手の左腕、左肩をつかんだ場合は、左の膝で蹴り上げます。股間や胴体、顔面を狙いますが、股間を狙う場合は腰を突き出し、相手の体を自分に向かって引きつけるようにします。胴体や顔面を狙う場合は、相手の体を下向きに引き、下がった状態から上に向かって膝を蹴り上げます。

膝を出しやすくするため、相手の正面からずれて、左サイドに位置します。相手の右肩と腕をつかみ、右の前腕部を押しつけることで、相手が体を沈めて足をつかんでくるのを防ぎます。上体を引き寄せる際には、腰を突き出すことでパワーを生み出します。

2　相手を引き込み腰を突き出して膝頭を突き刺す

握っている両手で、相手の体を下向き手前に引き込みながら、右の膝を鋭く蹴り上げます。足先は下に向け、膝を槍の先端のようにして膝頭を突き刺します。

回し蹴り（ラウンドキック）

フロントキックとほとんど同じですが、最後の瞬間に「返し」が入ります。当てる部分はレギュラーの前蹴りや股間蹴りと同じ甲から脛あたりまで。狙いは、膝関節、腿、肋骨など。頭へのハイキックもありますが、クラヴマガでは推奨しません。

スターティングポジション

左足を前に出したファイティングスタンスから始めます。

1 膝を先行させて蹴り足を上げる 膝は曲げた状態

蹴り足を足先からではなく、膝を先行させて上げます。そのとき、腰とお尻を突き出しながら動かすことで、蹴りのリーチやパワーが上がります。

Hint

パワフルな蹴りを打つには、軸足（この場合は左足）を標的より深く入れて、蹴り足を振り抜くようにします。さらにパワーを増幅させるには、軸足を斜め前に踏み込み、軸足を回してから蹴り込むテクニックがあります。ただしこの方法では、パワーは出ますが、相手に動きを読まれやすい欠点があります。

2 左足を軸にして腰を回転させて右足を蹴り込む

右足の膝から先をさらに振り上げ、左足を軸に素早く腰を回転。標的である腿や肋骨を狙ってスナップを利かせながら右足を蹴り込みます。

3 甲や脛の部分を当てる瞬間は膝を曲げた状態

脛から甲あたりの部分を当てます。腿は筋肉、肋骨は骨の部分を蹴ることでよりダメージを与えます。蹴り抜くイメージで膝に余裕をもたせます。

| キック |

横蹴り
（サイドキック）

前蹴りや回し蹴りと違って、この横蹴りは踵までしっかりと
足裏全体を勢いよく当てていきます。当たる面積を大きくす
ることで、相手をより遠くへ蹴り飛ばすことができます。体
重も腰を通して、蹴り出しと同時に標的にぶつけます。

スターティングポジション

左足を前に出したファイティングスタンスから始めます。

1 横向きのまま 相手側の足を 腰上まで上げる

お互いの立ち位置はここまでの
キックと同じ。しかし、体は横
を向いたまま、相手側の足の膝
を折って腰上まで上げます。

Hint

蹴り足側のお尻をぶつける感じで、腰を通して体重も標的に向かう足に乗せます。そのとき、バランスをとるために肩は標的とは逆方向に傾けます。練習では最初、効き足を蹴り出す方向（右利きなら相手を右側）で行ない、慣れてきたら反対側も。相手が左右どちらでも対応できるようにしましょう。

2　足裏を横に蹴り出し　同時に軸足の踵を返す

足裏全体を相手に向けて蹴り出します。同時に軸足（この場合は右）を返し、踵が相手の方に向くようにします。蹴り足の膝は少し曲げた状態で、足裏全体をヒットさせます。

前進しながらの横蹴り
（サイドキック）

相手が蹴りの間合いの外にいる場合、前進しながらサイドキックを打てば、距離をカバーできるうえ、パワーも大きくなります。相手に向かって一気に飛び込み、踵の底で蹴り込んだあと、素早く元の態勢に戻り、再び距離をとります。

スターティングポジション

左足を前に出したファイティングスタンスから始めます。

1 遠い方の足から スイッチして 間合いを詰める

遠い方の足（この場合は右足）から体勢を左右入れ替えながら、相手に向かってバースト。一気に間合いを詰めていきます。

さらにパワーを出したい場合や、高さがほしいときは、体を軸足の方に倒します。インパクトの瞬間も膝は少し曲げておきます。元の体勢に戻したあとは、安全な距離を確保し、ファイティングスタンで相手と正対します。

2 近い方の足を 体の前で抱え 腰上まで上げる

遠い方の足を踵から相手に近づけ、近い方の足（この場合は左足）を、体の前で抱え込む。膝を折って腰上まで上げ、軸足の踵は相手に向けます。

3 蹴り出しながら 腰も同じ方向に 足裏を当てる

相手に向かって左足を蹴り出し、同じ方向に腰も移動させます。踵の底の部分から足裏全体をヒットさせたあとは、素早く足を引き戻して下ろします。

キック

後ろ蹴り（バックキック）

踵の底の部分で踏みつけるように蹴るため、フロントキック（前蹴り）やラウンドキック（回し蹴り）よりも、サイドキック（横蹴り）に近いキックです。練習では、その場で蹴ることから始め、徐々に小さなステップで蹴る練習に進みましょう。

スターティングポジション

ファイティングスタンスで、
肩越しに軽く振り返ったところから始めます。

1 背を向けたまま
左足を上げる
後ろに蹴り出す

左足の膝を折って腰上まで上げ、標的に向かって後ろ向きに蹴り出します。つま先を下に向けたまま踵から蹴り込みます。

Hint

蹴るとき、肩越しに見たままでは上体を倒すことができず、蹴り足に体重を乗せることができません。蹴り出す瞬間に相手の位置を確認する際は、腕の間から見るようにします。蹴ったあとは、軸足で回転し、蹴り足を引き戻して標的と正対するようにします。

Variation

基本的には腹部などを狙いますが、さらに一撃で大きなダメージを与えることができる股間を直接蹴り上げるのも効果があります。そのときも、股間を蹴るだけではなく、へそ辺りを蹴るイメージでしっかりと蹴り上げましょう。

2 上体を前に倒す　膝は少し曲げる　踵の底を当てる

つま先を下に向けたまま踵で蹴り込み、インパクトの瞬間も膝は少し曲げておきます。当てたあとは、素早く足を引いて元の体勢に戻ります。

| キック |

近距離での後ろ蹴り
（ショート・バックキック）

これは一般的に、後ろの敵に対して使うキックです。特に、
後ろからのベアハッグ（180ページ）のように、両腕を抱え
込まれて持ち上げられてしまったときに威力を発揮します。

スターティングポジション

ニュートラルスタンスで、
肩越しに軽く振り返ったところから始めます。

1 膝と腰を使って
右足を
鋭く振り上げる

膝を曲げて右足を後ろに振り上
げ、相手の股間に対して踵の部
分を当てていきます。軸になる
左足で腰を跳ね上げるようにす
ると、蹴りのパワーが増します。

近距離での踵蹴り
（スタンピング）

Hint

つま先ではなく、踵の堅い
箇所で思い切り踏み抜きま
す。脚の力だけでなく自分
の体重もかけることで威力
が増幅されます。

後ろから抱きつかれた（ベアハッグ）状態で、両手が使えない
場合に使用するキックです。持ち上げられると使えないので、
重心を落としてから行なう必要があります。当てる場所は踵。
狙う場所は、相手の足の甲です。

スターティングポジション

ニュートラルスタンスで、相手が後ろからベアハッグを
仕掛けてくる状態から始めます。

1 踵を当てやすいよう　膝を高く上げる

膝を高く上げ、足首を若干曲げれば踵が当て
やすくなります。左右どちらの足を狙っても
いいのですが、基本的には自分に近いほうの
足を狙ったほうがヒットしやすいでしょう。

2 踵に体重を乗せ　足の甲を踏み抜く

踵に自分の体重を乗せ、相手の足の甲を踏み
抜くようにするとパワーが増します。ダメー
ジが少ない場合は、連続で蹴ったり左ペー
ジのバックキックに切り替えてもいいでしょう。

| グラウンドテクニック |

寝た状態からの前蹴り
（フロントキック）

踏みつけるように蹴ることから、グラウンドでの「ディフェンシヴフロントキック（防御の前蹴り／86ページ）」とも呼ばれています。スタンディングでは足裏全体を使いますが、グラウンドでは踵の裏で蹴り込みます。

スターティングポジション

攻撃に対応するためのバックポジションから始めます。
※基本形（バックポジション／195ページ）となります。

1 蹴り足を水平に踏みつけるよう踵裏を蹴り出す

蹴り足を水平に伸ばし（この場合は左足）、踵の裏を標的に当てます。当たる瞬間、地面についているのは軸足の裏と肩・肘だけです。

Hint

パワーを生み出すには、足を蹴り出すときに、腰も一緒に押し出すようにします。これは重要なポイントです。また、相手の脛や膝を蹴るときは、蹴り足の足首を少し外向きにひねると当たる面が大きくなるので、ヒットする確率が高くなります。

2 素早く膝を引き戻し 次の攻撃の準備をする

蹴り終えたら、素早く蹴り足の膝を胸のところまで引き戻します。再び最初のバックポジションに戻り、次の攻撃の準備をします。

| グラウンドテクニック |

寝た状態からの回し蹴り
（ラウンドキック）

グラウンドでのこのラウンドキック（回し蹴り）は、相手がガードを回り込もうとしたときに特に有効な攻撃手段です。相手が蹴り足の外に出ようとするところを、体を半回転させて蹴り出します。

スターティングポジション

攻撃に対応するためのバックポジションから始めます。

1 左足を下ろす
左肘をつけて
右足を蹴り出す

バックポジションで上げていた足（この場合は左足）を下ろします。左ひじを地面につけて上体を浮かせ、左足を軸に右足を蹴り出します。

Hint

相手の動く方向によって、どちらの足でも蹴ることは可能ですが、バックポジションの上側の足を使った方が強いキックになります。スタンディングのラウンドキックで、後ろの足を使った方が強い蹴りになるのと同じです。スタンディングと同様に、足の甲または脛をヒットさせます。

股間が開いていれば股間を狙うこ
ともできます。

2　相手の腿や膝を狙い　足の甲か脛を当てる

左足を軸に、蹴り始めると同時に腰を返します。両足をハサミのように動かすことで、蹴り足にパワーが加わります。

| グラウンドテクニック |

寝た状態からの横蹴り
（サイドキック）

グラウンドでのラウンドキック（回転蹴り）を打ったあと、サイドポジションになったときに有効なのがサイドキック（横蹴り）です。踵の底の部分を、踵と肩（この場合は右）が一直線になるように当てていきます。

スターティングポジション

攻撃に対応するためのサイドポジションから始めます。

1 左手で支える
腰を入れながら
蹴り足を伸ばす

サイドポジションでついた手（この場合は左）を支えにして、蹴り足を伸ばします。手の支えと腰を入れることでパワーが増します。

Hint

スタンディングでのサイドキック（横蹴り）は胴体部分を標的にしていました。このグラウンドでも胴体部分は狙えますが、脛や膝をピンポイントで狙うのも効果があります。

2　相手が離れていたら　　もう一方の手を使う

相手との距離が離れてる場合は、もう一方の手（この場合は右）も支えに使います。インパクトの瞬間、踵、膝、腰、肩が一直線になるようにします。

Scene C | キック |

狭い通路で
攻撃者が前から迫ってきたら

余裕があれば、相手の顔を確認します。素手か凶器を持っているかで危険度が違うため、確認する必要もあります。

攻撃したら
素早く逃げよう！

step 1 攻撃者が迫ってきたら

攻撃者が接近し、距離がキックの間合いに入れば、手で顔を守りながらタイミングを計ります。

step 2　股間に フロントキック

相手が前に出てきたところで、股間を蹴り抜くように足先を勢いよく蹴りだします。

step 3　エルボーを 打ち下ろす

相手が前かがみに崩れたら、さらにエルボーを打ち下ろします。

step 4　ひるんだら 素早く避難!

相手の動きが止まったら、いま来た道を引き返してその場から離れましょう。

こんなとき、身を守るには？

第 3 章

Lesson 29

| 素手の相手からの防御 |

ストレートパンチに対する
インサイドディフェンス

インサイドディフェンスとは、相手が意図している標的から
攻撃をそらせる、方向を変える「リダイレクト」の防御法です。
ストレートパンチの場合は、攻撃者と同じ側（ミラーサイド）
の手、右手でパンチを打ってきたら、左手で防御します。

スターティングポジション

左足を前に出したファイティングスタンスから始めます。

1 右手には左手手のひらで軌道を変える

右手でストレートパンチを打っ
てきたら、左手を前に出します。
相手が意図しているパンチの軌
道に合わせて手のひらで相手の
手を押し出します。

手のひらの中央で相手の腕を押すのが基本ですが、パンチの高さを読み違えたとしても、手首や前腕部を使って押し出すこともできます。慌てずにパンチの軌道を見ながら対応しましょう。もう一方の左手のパンチに備え、右手でガードしながら距離をとります。

2　手のひらで腕を滑らせ目線方向に体を移動

手のひらが相手の腕の上を滑っていくようにします。体は相手の目線の方向に。外に向かってヘッドディフェンスをとり、パンチが防げなかった場合に備えてスペースを作ります。

素手の相手からの防御

360度ディフェンス
（アウトサイドディフェンス）

360度ディフェンスとは、人体の本能的な反応に基づいた反射エクササイズで、つねに指を伸ばして行ないます。その方が本能的（反射的）な動きに近く、スピードが速くなるからです。また、わずかにディフェンスでの範囲が広くなります。

スターティングポジション

左足を前に出したファイティングスタンスから始めます。

1 上からの攻撃は　頭上に上げた手で防ぐ

右手の攻撃は左手で防御。肘を90度に曲げ、腕は頭の少し上まで上げます。真っすぐ打ち下ろしてくる攻撃を前腕部で防ぎます。

2 斜め45度の攻撃は　腕を30度上げて防御

斜め上45度からのパンチに対しては、肘を90度に曲げた腕を約30度の角度に上げて、アウトサイドに払いのけます。

Hint

パートナーは腕を伸ばしたまま攻撃。ディフェンスと視力開発に効果的な練習です。ディフェンダーはパートナーの胸の中心を見たまま、周辺視野ですべての攻撃をとらえます。アタッカーは初めゆっくりと、1つの攻撃だけを行ない、ディフェンダーが上達してきたら、徐々にスピードを上げていきましょう。

3　真横からのパンチには前腕部の水平移動

真横から打ってくるパンチには、水平移動で防御します。肘を90度に曲げた左手の前腕部を相手の腕に当て、そのまま横に開きます。

P114に続く➡

素手の相手からの防御

4 肘を90度に曲げ腕を引きつけて攻撃を防ぐ

肘を90度に曲げたまま、左腕を体にぴったりと引きつけて、下から肋骨を狙ってくる攻撃を防ぎます。前腕部を少し外側に返し、腹筋を締めましょう。

5 指先を下に向け斜め下からのパンチを防ぐ

肘を90度に曲げ、指先を下に向けて、斜め下から肋骨を狙ってくる攻撃を防ぎます。3のポジションに比べ、腕の上下が正反対の形になります。

6
肘は90度に曲げ
腕を30度に下げ
腰を折って防御

肘を90度に曲げ、腕を30度の
角度に下げて、下から胴体部分
を狙ってくる攻撃を防ぎます。
必ず膝ではなく、腰を折って行
ないましょう。

7
前腕部を下げて
下からくる
攻撃を防ぐ

肘を90度に曲げたまま、胸の
前辺りまで前腕部を下げて、下
から体の中央を狙ってくる攻撃
を防ぎます。こちらも、膝では
なく、腰を折って行ないます。

｜素手の相手からの防御｜

全方位からの
防御とカウンター

「ディフェンスと同時に反撃する」というのは、クラヴマガの
原理の１つでもあります。なかでも、この全方位からの防御
（360度ディフェンス）は、カウンター（反撃）を同時に行な
いやすいディフェンスです。

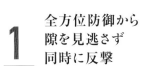

スターティングポジション

左足を前に出したファイティングスタンスから始めます。

1 全方位防御から
隙を見逃さず
同時に反撃

相手の攻撃を360度ディフェン
ス（112ページ）で防御し、一
瞬の隙を見逃さないように神経
を集中させます。

Hint

トレーニングはいろんな状態から始めましょう。あなたの準備状態がよいときは、バーストを使って一気に相手との距離を詰めましょう。遅れてしまったときは足を動かす余裕がないので、その場でディフェンスし、膝と腰を使って、体重を乗せて反撃します。

2　ディフェンスと同時に空いた手で顔面パンチ

空いた手（この場合は右）で、相手の顎や顔面にパンチを打ち込みます。パンチはディフェンスと同時に打つのが基本です。そのあとは、素早く元の体勢に戻ります。

| 素手の相手からの防御 |

自らの攻撃につながる
防御方法

ストレートパンチの防御をマスターしたら、それに反撃を加えて、次の攻撃を防ぎます。ディフェンスと同時に、まずはボディに反撃する方法もありますが、時間がないことが多いので、1つのパンチだけでも反撃できるようにしましょう。

スターティングポジション

左足を前に出したファイティングスタンスから始めます。

1 右パンチに対し左の手のひらで腕を押し、そらす

右パンチがきたら、それに合わせて、左手の手のひらの中央または前腕（手首付近）でインサイドディフェンスを行ないます。

Hint

パンチを出してきた相手の右手を水平にずらす方法もあります。いずれにしても、相手の手が反撃の邪魔にならないようにすることが大切です。右パンチを出したあと、そのままのスタンスで、膝を使って左腰を元の位置に戻し、今度は防御した左手でパンチを打ち込むこともできます。

2　ディフェンスと同時に　一歩踏み込んでパンチ

そのまま相手の右腕をずらし、一気に左足を踏み込んで右パンチを顎や顔面に打ち込みます。このときは、ディフェンスから間を置かずに打つようにしましょう。

| 素手の相手からの防御 |

連続するパンチに対する
ディフェンス

360度ディフェンスとインサイドディフェンスをマスターした
ら、両方を組み合わせた練習をしましょう。パートナーが
パンチを出すのは1度につき1つだけです。相手の攻撃に対
し、ディフェンダーは適切にディフェンスします。

スターティングポジション

ファイティングスタンスから始めます
(パートナーは遠めの間合いから、少し踏み込んで攻撃します)。

1 手のひらまたは前腕で
相手の腕を押し出す

相手が踏み込んでストレートパンチを打って
きたら、ディフェンスに使う腕を前に出しま
す。手のひらの中央または前腕(手首付近)で、
相手の腕を押し出します。

2 手のひらで腕を滑らせ
目線方向に体を移動

手のひらが相手の腕の上を滑っていくように
します。体は相手の目線の方向に。外に向かっ
てヘッドディフェンスをとり、パンチが防げ
なかった場合に備えてスペースを作ります。

3　指先を下に向けて
相手の腕をブロック

肘を 90 度に曲げ、指先を下に向けて、下から打ってくる攻撃を防ぎます。前腕部(手首付近)で相手のパンチをブロックします。

4　前腕部分で押し出し
意図した標的をずらす

上からのパンチも、肘を 90 度に曲げた左手を頭上まで上げて防ぎます。相手のパンチを前腕で受け止めます。

5　手のひらで腕を滑らせ
目線方向に体を移動

手のひらを相手の腕の上で滑らせます。体は相手の目線の方向に。外に向かってヘッドディフェンスをとり、パンチを防ぎます。

6　手のひらまたは前腕で
相手の腕を押し出す

相手が踏み込んでストレートパンチを打ってきたら、防御に使う腕を前に出します。手のひらの中央または前腕で押し出します。

前からの首絞めに対する
ディフェンス

人には条件反射というものがあり、本能的に危険なところ（この場合なら喉）に手がいきやすいという習性があります。自然な体の反応をディフェンスに活かす、クラヴマガの原理がよく表れているセルフディフェンスです。

スターティングポジション

ニュートラルスタンスまたはパッシヴスタンスから始めます。

Point

相手の親指の付け根あたりに内側から指を差し込みます。手を差し込んだら、気道を確保するために差し込んだ手を外側に開き、相手の両手をコントロールします。

1 親指以外の指を曲げ
相手の手にかぶせる

親指以外の4本の指を曲げ、親指をきっちりとつけて手を鈎（フック）の形にします。そのまま両手を上げて、相手の手にかぶせます。

正面からの首締め（チョーク）は、受けることの多い攻撃です。そのとき、誰もが本能的に両手が動くはずです。相手の手を引き剥がす動作（プラック）は一気に、力よりもスピードを使って行ないましょう。自然な体の反応をディフェンスに活かす、最初のトレーニングには最適なテクニックです。

2 相手の両手を 外へ引き剥がす 頭突きに注意

4本の指を相手の親指に近いところにひっかけて、一気に外へ引き剥がします。弾みでヘッドバット（頭突き）されないよう、顎を引いておきましょう。

3 相手の両手を 肩の位置に固定 股間を蹴上げる

自分の肩の線をなぞるように手を下げて、相手の手を、脇を締めた前腕で挟んで肩の位置に保持します。プラックすると同時に、股間に蹴りを入れます。

横からの首絞めに対する
ディフェンス

前ページの「前からの首絞めに対するディフェンス」におけ
る両手でのブラックほど本能的ではありませんが、さまざま
な問題を1つの方法で解決しようとするクラヴマガの原理が
ここでも働いています。

スターティングポジション

ニュートラルスタンスで、相手が横から首絞めを仕掛けてきた状態か
ら始めます。

1 鈎の形にした手で
相手の手をブラック

相手に対してアウトサイドの手（この場合は
左）で、122ページと同じ鈎（フック）の形
を作ります。その手を反対側に上げて、相手
の親指付近をブラックします。

2 剥がした手を引っ張り
股間打ちで反撃

首から剥がした手を、胸に沿って斜め下に引っ
張ります。同時に空いた手（この場合は左）
の手のひらを相手に向け、股間打ちで反撃。
指を食い込ませるようにすれば効果絶大です。

前ページの「前からの首絞めに対するディフェンス」同様に、ブラックした手が体から離れないように、胸に沿って引くようにします。体から離す方向に手を引くと、ブラックの動きにパワーがなくなってしまいます。相手の手は、引き剥がした際の手のままか、脇を絞めた前腕で挟んで保持します。

2　相手の方に向き直り　さらに反撃を続ける

相手がひるんだ隙に、引き離した相手の手は肩に保持したまま、相手の方に向き直ります。さらに、エルボー（肘打ち）や、膝蹴りなどで反撃を続けます。

Lesson 36

| 首絞め |

後ろからの首絞めに対する
ディフェンス

後ろからの首絞めは、正面や横からの首絞めに比べて、不意に仕掛けられて見えないため、危険度が増します。危険なところに両手を持ってくる、誰もが条件反射的に行なう本能的な反応をディフェンスに利用する動作を意識しましょう。

スターティングポジション

ニュートラルスタンスで、相手が後ろから首絞めを仕掛けてきた状態から始めます。

1 顎を引き、肩をすくめ 相手の親指を露出

首絞めだとわかったら、深く顎を引き、肩をすくめます。こうすることで、相手の親指がむき出しになりますので、このあとのプラックで親指付近に指を引っかけやすくなります。

2 両手を後ろに伸ばし 確実に手を引き剥がす

鈎（フック）の形にした両手をできるだけ後ろに伸ばし、相手の親指付近を引っかけます。こうるすとプラックに勢いがつき、確実に相手の手を引き剥がすことができます。

Hint

トレーニングをする際は、2つのパートに分けて行ないます。まずはディフェンスから股間打ちとエルボー、次にハンマーフィストパンチ、さらにはターンから反撃を続ける練習をしましょう。最初の股間打ちでは、手のひらを相手に向け、指を食い込ませるようにすれば効果絶大です。

3 両肘を腹に引きつけて 親指を下に引き剥がす

首筋の中央に手を伸ばし、相手の親指を真っすぐ下に引き剥がします。その際、両肘を自分の腹に引きつけるように行ないます。プラックしながら斜め後ろに両足でステップ。

4 内側の手で股間打ち つかんだ手は離さない

相手に近い内側の手で股間を打ちます。このときも、外側の手（この場合は右）はつかんだままです。こうしておけば相手が離れず、次の反撃を続けることができます。

P128へ続く

｜首絞め｜

5 股間打ちから
自然な流れで
顔面に肘打ち

股間を打ちに続き、フォローで
顎や顔面、または腹部に肘を打
ち込みます。これは下向きの手
の動きから、自然に出る攻撃で
もあります。

6 相手の手を離し
内回りで回転
顔面にパンチ

この時点でつかんでいた手を離
します。内回り（相手に近い方
向）に回転して相手に向き直り、
ハンマーフィストパンチを顔面
に打ち込みます。

7

連続の反撃で
とどめを刺すか
距離をとる

最後はニーストライク（膝蹴り）
など、連続した反撃でとどめを
刺すか、その場からステップバッ
クして距離をとりましょう。

| 首絞め |

前から押されながらの
首絞めに対するディフェンス

首絞めに押しが加わると危険度が増します。正面から押された場合、押されてバランスを崩してしまうのと、不意に押されたことで両手が開き、喉から手が離れてしまうために、ふつうのプラックは難しくなるということです。

スターティングポジション

ニュートラルスタンスで、相手が正面から首絞めを仕掛けてきた状態から始めます。

1 あらかじめ体を傾ける
左手を突き上げる

後ろによろめくことを想定して、あらかじめ体を傾け、バランスを崩しておきます。一方の足（この場合は右）を引くと同時に左手を突き上げます。

2 体を右に90度程度回転
首を絞めている手が緩む

二の腕が耳に触れるくらい左手を上げ、足はそのままで、体を右に90度くらい回します。その際、相手の手首に圧力をかけるようにすると、喉を締めている手が緩みます。

あえてバランスを崩した体勢からトレーニングすることで、本当に攻撃されたときの不意打ち感をつかむことができます。このディフェンスのポイントは、肘を打ち下ろすところではなく、体の回転です。肘の打ち下ろしは、相手の腕を引き離すことで、反撃を容易にするためです。

3 肘打ちで手を引き離す　同時に手をつかまえる

少し膝を折り、重心を安定させながら、突き上げた左手を上から下の肘打ち（エルボー）のように振り下ろし、相手の手を引き離します。同時に右手で相手の手をつかまえます。

4 相手の手を離さないで　エルボーなど反撃開始

相手の手を右手か、脇を絞った右手の前腕部でしっかり胸元に保持したまま反撃開始です。体重を乗せて相手の顔面に横のエルボーを放ち、さらに反撃を続けます。

| 首絞め |

後ろから押されながらの首絞めに対するディフェンス

前ページの「前から押されながらの首絞めに対するディフェンス」と、ディフェンスの原理はまったく同じ。重要なポイントも、同じように体の回転ですが、前からのディフェンスが90度くらいなのに対し90度以上で相手と正対します。

スターティングポジション

ニュートラルスタンスで、相手が背後に立つ状態から始めます。

1 本能的な動きと右足に合わせ左の腕を上げる

後ろから押されると、倒れないための本能的な動きで両手が前へ上がります。右足が前に出るのに合わせて、左腕をさらに耳の近くまで上げましょう。

Hint

相手の押しが強くなければ、左足を引いてのステップバックは不要です。しかし、必要になるケースの方が多いで、トレーニングで習得しましょう。どのテクニックも同じですが、1つのスキルを練習して、利き手側で楽にできるようになったら、必ず反対側でも練習しておくことが大切です。

2　鋭く後ろ向きに回転
相手と正対する

鋭く後ろ向きに回転して、相手の方へ向き直ります。「前から押されながらの首絞めに対するディフェンス」と違い、90度以上回転して相手と正対するところまで回ります。

P134に続く➡

Lesson 38

| 首絞め |

3 両手を引き離し 脇を絞めて固定

左の肘を下ろして相手の両手を引き離し、そのまま脇を締めて固定します。これで強く押されても、バランスを保つことができるようになります。

4 顔面へのパンチから 膝蹴りなどを連打

同時に顔面への右のパンチで反撃します。そのときも、相手の左手を左の上腕部で挟んで固定することで相手は離れないので、左の膝蹴りなどを連打してフォローします。

後ろから引かれながらの
首絞めに対するディフェンス

相手が首絞めを仕掛けながら、後ろへ引っ張ってきたケースの対処法です。現実のシミュレーションになるように、トレーニングでも、引っ張られてバランスを崩した状態から始め、反撃までの流れを覚えます。

スターティングポジション

ニュートラルスタンスで、相手が背後に立つ状態から始めます。

1 本能的な動きを ディフェンスに活かす

相手が首を絞めて後ろへ引っ張ってきたら、誰もがバランスをとるために一方の足を少し後ろへ下げ、プラックの動きをします。この本能的な動きをディフェンスに活かします。

2 鋭く体を回転も 相手の手をホールド

相手の片手をプラックしたら、後ろの足の方にステップして、鋭く体を回転します。このとき相手の手のホールドをほどけないように注意しましょう。

Hint

2から3の動きのなかで、相手の手をホールドしたまま、自分の体を回転しながらバーストするのには、次の3つの目的があります。「①相手の手首にかかる圧力を強める」「②バランスをとり直すのに役立つ」「③相手のほかの武器から離れる」

Point

相手の手首をひねるのに片手では力が足りない場合。両手で相手の甲の左右をはさみ、それぞれの手のひらの底で押しながら返します。

3 足を前方にバースト　相手の手もホールド

回転しながら反対側の足（この場合は右）で前方にバーストすると、相手の一方の手が外れます。ホールドしたままの相手の小指側に、自分のもう一方の手を重ねます。

4 相手の手を体の正面に　すかさず反撃を開始

手のひらの底の部分で押しながら、相手の手が自分の体の正面にくるようにして、すかさずフロントキックを股間に打ち込みます。さらに膝側面へのキックなどでフォローします。

｜首絞め｜

壁際で前から首絞めされたときのディフェンス

130ページの「前から押されながらの首絞めに対するディフェンス」をしっかりマスターしてから取り組みます。前からのディフェンスと同じように、実際の場面を想定してトレーニングしましょう。ここでもポイントになるのは体の回転です。

スターティングポジション

ニュートラルスタンスで、相手が首を絞めてきて、壁に張りつけにされた状態から始めます。

1 壁を背にしたまま 右腕をしっかり伸ばす

壁を背にしたまま、一方の手（この場合は右）を真っすぐ上に突き上げます。右腕の上腕二頭筋から肩の部分が、耳につくくらいまでしっかりと上げてください。

2 体を鋭く左回りに回転 壁側の肩は下ろす

体を鋭く左に回します。このとき左の肩は壁側に下ろし、壁から体と頭が離れないようにします。上げた右手で、相手の左手首に圧力がかかり、喉を絞めている手が緩みます。

最初に体を回転させる際、壁側の肩を下ろすことは非常に大切です。肩を水平にしたまま回転すると、かえって喉を絞めている相手の手の圧力を強めてしまいます。また、肩を落として回転することで、このあとスムーズに喉を絞めている手を外すこともできます。

3 エルボーで手を外し
左手で両手をホールド

少し膝を曲げながら、右腕をエルボーの形で垂直に下ろすと、相手の手が外れます。同時に壁側の左手を上げ、相手の両手を手のひらか上腕で胸元にトラップします。

4 両手を保持したまま
顔面に横への肘打ち

垂直に下ろした右腕に体重を乗せ、さらに重心を落とすために曲げた膝を伸ばす勢いもあわせて、相手の顔面に横への肘打ち（エルボー）を打ち込みます。

5 体勢を入れ替え反撃
壁から離れ距離をとる

相手の両手をトラップしたまま体勢を入れ替え、相手を壁側に追い込むと同時に手を離します。膝蹴りなど、反撃をしたあと、壁から離れて距離をとります。

Scene D | 首絞め |

壁を背に
首を絞められたら

step 1 動きを 止められ

呼び止めてきた攻撃者が、すぐさま正面に回ってきた。後ろは壁で逃げられません。

step 2 両手で 首絞め

さらに相手は、両手で首を絞めてきました。

右手の親指以外の4本指を曲げ親指をつけて、手を鉤の形にして内側にひっかけて一気に外へ。

step 3

右手で手首をフック

相手の手（この場合は左）の内側、親指に近いところに右手を差し込み引き剥がします。

P142に続く➡

Scene D | 首絞め |

step 4　空いている　手を上に

剥がした左手をつかんだまま、空いている手（この場合は左）の手のひらを開いて前に押し出します。

step 5　顎に向け　下から掌底

手のひらが標的に当たる寸前に手首を反らし、手のひらの付け根の硬い部分が当たるようにします。

安全に身を
守るポイント

ワンハンド・ブラックは、片方の手でブラックし片方の首絞めを解除。同時に掌底で打撃を与え、もう片方を解除します。

攻撃したら
素早く逃げよう！

step
6 続けて
股間蹴り

なおも左手をつかんだまま、股間を狙って膝蹴りでダメ押しを決めます。

step
7 相手の
状況を確認

相手がダメージを受け、動きが止まったのを確認しましょう。

step
8 ひるんでいたら
素早く避難！

相手が動き出す前に、その場から素早く避難します。

| 首絞め |

壁際で後ろから首絞めされたときのディフェンス

132ページの「後ろから押されながらの首絞めに対するディフェンス」の原理をそのまま利用します。ここでのポイントは体の回転ですが、最後は相手を壁に押さえつけて、連打のフォローで撃退します。

スターティングポジション

ニュートラルスタンスで、相手が後ろから首を絞めてきて、壁に張りつけにされた状態から始めます。

1 一方の手を高く上げる 逆の手と肩は下げる

壁に両手をついた状態から、一方の手（ここでは右）を壁に沿って、上腕二頭筋から肩の部分が耳につくくらいまで高く上げます。逆に左手と肩は下げます。

2 その体勢で体を回転 逆の体と頭は壁に

右手を上げたまま、鋭く右回転して相手の方を向きます。そのとき、右肩で相手に圧力をかけます。逆側の肩は下げたまま、壁から体と頭が離れないようにします。

Hint

138ページの「正面からの首絞め」と違って、こちらは上げる手を選べません。壁に押しつけられた状態で、顔が必ず左右どちらかを向いているはずです。その向いている方の手を上げます。まずはやりやすいサイドで楽にできるようになったら、必ず反対側でも練習しておきましょう。

3 相手と正対まで回転 両手を引き離す

体を90度以上回転させて、相手と正対するところまで回します。同時に右手を肘から下げて相手の両手を外したら、そのまま体と腕で相手の右腕を挟み込みます。

4 右の肩と手をトラップ 壁に押さえつけて反撃

左手で相手の右肩を抑え、右手で右手首をトラップし体勢を入れ替えます。そのまま相手を壁に押さえつけ、背中への肘打ち（エルボー）やハンマーパンチで反撃に転じます。

5 膝蹴り連打でフォロー 離れて動きを確認

さらに右腕を押さえ込んだまま、膝蹴りの連打でフォロー。攻撃後は素早く壁から離れて、ファイティングスタンスをとって相手の動きを確認します。

| ヘッドロック |

横からのヘッドロックに対する
ディフェンス

横からのヘッドロックは、校庭、路上、酒場の喧嘩などでもっともよく見られるホールドです。ここでいけないのは、無理に抵抗しようとすること。抵抗すればするほど、ホールドする力が余計に強まり、脱出するのが難しくなります。

スターティングポジション

ニュートラルスタンスで、相手が横からヘッドロックをかけてきた状態から始めます。

1 無理に抵抗はしない
顎を引いて首絞め回避

内向きや下向きに頭を引かれますが、無理に抵抗してはいけません。まずは逆らわずに顎を引いて首絞めを避け、頭部の露出を減らしてパンチを受けないように防御しましょう。

2 外側の手で股間を打ち
内側の手は頭の間に

相手から離れた外側の手（この場合は右）で、相手の股間を打ちます。同時に内側の手を相手の背中側から上げていき、自分の頭と相手の頭の間に入れます。

Hint

相手が短髪だったり、スキンヘッドであったりする場合は、このように鼻や顎（口は避ける）など、顔をフックして上体を反らします。相手が長髪だった場合は、内側の手で後ろの髪を鷲づかみにしたり、生え際の辺りを頭皮ごとつかんで引きずり倒します。

3 左手で鼻や顎をフック 顎を上げて体を反らす

上げた内側の手（この場合は左）で鼻や顎に対してフックをします。人差し指を鼻の下に、親指を顎に当て、鋭く相手の顎を上げ、そのまま肘を真っすぐ後ろに下げます。

4 体勢を立て直し パンチなどで反撃

自分の体勢を立て直しながら、さらに左手を下げて相手の体を反らせます。そこから、顔面や首、顎に対してハンマーフィストパンチなどを打ち込んで反撃します。

| ヘッドロック |

後ろからのヘッドロックに対する
ディフェンス

相手が前腕部を首に回して喉を潰しにきたときの対処法です。
素早く脱出し、すぐに反撃に転じてください。

スターティングポジション

パッシヴスタンスで、相手が後ろから首に腕を回してきた
状態から始めます。

1 顎を引いて グリップに向け 両手を上げる

顎を引いて、相手のグリップ（手
と手を結んでいる部分）に向け
て両手を上げます。後ろ向きに
伸ばし、確実に相手の手に届く
ようにします。

自分の胸に沿って相手の腕を引き下ろすことで、首絞めに対して90度の角度でブラックすることができます。両手は同時に動かすのがベストですが、相手に近い方の腕が先に届いてしまう場合もあります。そうなったときは、すぐにもう一方の腕を伸ばして、必ず両手でブラックするようにしましょう。

Variation

相手のグリップを引き下げると同時に股間打ちを行ないます。股間打ちは手のひらを相手に向け、指を食い込ませるようにすれば効果絶大です。

2 両手を引き下げ 内側の肩を使い スペースを作る

自分の胸に沿って、一気に両手を引き下げてブラックします。同時に、インサイドの肩（この場合は左）を鋭く内向きに回転させてスペースを作ります。

P150に続く➡

3 グリップをロックして
スペースから頭を抜く

注意すべきポイントとしては、相手の腕に自
分の顎が引っ掛からないようにすることです。
十分な空間を作ってから頭を引き抜きます。

4 相手の両手を つかんだまま 横に位置どり

相手の腕から頭を引き抜くと同時に、相手の両手をトラップしたまま、反撃しやすいように相手のサイドに位置どりします。

5 抜け出すと 同時に 反撃を加える

ヘッドロックから抜け出すとすぐに反撃に転じます。股間蹴りや膝、拳による攻撃など、反撃の方法はあなたの得意なもので行なって結構です。

前からのヘッドロックに対する ディフェンス

前方から、腕で首を絞めるリバースヘッドロック（ギロチン チョークともいう）を仕掛けられたときの脱出・反撃方法です。

スターティングポジション

立ったまま、相手からリバースヘッドロックを仕掛けられた 状態から始めます。

1 プラックで圧力を緩め 同時に股間を打つ

グリップした手の方へ顔を回し、外側の手で プラッキングして圧力を緩めます。同時に空 いた手で、相手の股間を打ちます（肘で顔面 も打てますが、股間の方が確実です）。

2 左手をトラップし 空きスペースから脱出

プラックしたあとは、相手の左手の手首をト ラップ。相手の脇の下の空いたスペースに左 の肩を入れて、首を締められないように移動 します。

Hint

相手の絞める力が強いと、簡単にホールドはほどけません。それでもブラックしてスペースを作って肩を差し込めば、首だけは絞められなくなります。そこからあわてず、股間への打撃や膝蹴りを続けましょう。大切なのは相手の腰を引かせておくことです。腰の引けた体勢からは、首絞めは完成しません。

3　肩と頭を上向きに入れ 相手の肩に圧力を

相手の脇の下から、肩と頭をホールドを抜ける感じで斜め上向きに入れていきます。

4　相手の手をホールドし 体勢を入れ替える

相手の手が動かないよう、しっかり両手でホールドしたまま、奥の足（この場合は左）を相手をまたぐ感じで大きく踏み出し、体勢を入れ替えます。

5　相手の方に体を向け 反撃に転じる

ホールドがほどけたら、回転して相手の方に体を向けます。ここからは、膝、パンチ、肘などを繰り出し反撃に転じます。

| 手首、腕をつかまれたとき |

同じ側の手のリストリリース
（エルボー・トゥ・エルボー）

相手が正対して同じ側（たとえば左手で右手）の手で手首を
つかんできた場合に使うテクニックです。肘を使って、相手
の手を瞬時に離脱させます。

スターティングポジション

相手が左手で右手首をつかんできた状態から始めます。

1 すかさず手を開き 手の甲を上に回す

相手が正面から、あなたの右手の手首をつか
んで引き寄せようとしてきたら、すかさず手
を開き、手の甲が上を向くように手首を回し
ます（親指を自分側に向ける）。

2 肘を曲げて前に出す 手首のホールドを外す

つかまれた手の肘を前に出し、相手の肘に当
たるくらいまで曲げます。同時にスナップを
利かせて、手首のホールドを素早く外します。
手首の薄い部分から横向きに動かします。

前進して近づかないと手首がほどけないこともあります。そのときは同じ側の足（右手をホールドされ
ている場合なら右足）で踏み込みます。「エルボー・トゥ・エルボー」（肘と肘を合わせる）と覚えてお
くと、とっさの場にも思い出しやすいでしょう。

3 両手を上げて後退
次の行動に備える

両手を上げたまま、小さくステップバックし
て相手から離れます。パッシヴスタンスをと
り、相手の次の行動に備えます。

Scene E | 手首、腕をつかまれたとき |

ベンチでスマホを見ているときに 手を引っ張られたら

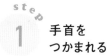

step 1 手首を つかまれる

スマホをチェック中、攻撃者に気づかずいきなり手をつかまれ引っ張られる。

step 2 肘を 押し出す

手を開き、手の甲が上を向くように手首を回して腕を引きつけます。

安全に身を守るポイント

突然手首をつかまれただけでも、特に女性は固まってしまい声もでません。不意の状態でも動けるようにトレーニングしておく必要があります。

攻撃したら
素早く逃げよう！

step 3　手首の ホールドを 外す

肘を相手に向かって出し、相手の肘に当たるくらい曲げて手首のホールドを外します。

step 4　逆の手で 顔面エルボー

手が外れたら、後ろの手（この場合は右）で顔面のエルボーを決めます。

step 5　続けて 股間蹴り

さらに続けて股間蹴り。手首の離脱から連続で行ないます。

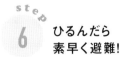

step 6　ひるんだら 素早く避難！

相手がひるんだら、その場から離れましょう。

Lesson 46

| 手首、腕をつかまれたとき |

逆側の手のリストリリース
（ヒッチハイク・アウト）

相手が逆側の手（たとえば、右手を斜めに出して右手）をつかんできたときに使うテクニックです。逆側の手のリストリリース、ヒッチハイク・アウトとも呼ばれます。無理やりつかんできた相手の手を、手首を回して瞬時に離脱させます。

スターティングポジション

相手が右手で右手首をつかんできた状態から始めます。

1 手首をつかまれたら
手のひらを上に回す

相手が正面から、右手であなたの右手の手首をつかんで引き寄せようとしてきたら、すかさず手を開き、手のひらが上を向くように手首を回します。

2 相手のジョイントに
自分の親指を向ける

ホールドの弱い方（相手の手の親指と人差し指のジョイント部分）に合わせて、自分の親指を向けます。

Hint

このように相手が手をつかんでくる場合、引き込もうとするパターンが多いです。そこではあえて相手の力の方向には逆らわず、相手のサイドにステップインしながらリリースします。決して力対力にならないようにしましょう。

3　自分の肩の方に向け
　　肘を曲げて引き抜く

自分の肩の方に向かって肘を曲げ、ヒッチハイクのポーズをとるようにして、テコの原理で手を上から引き抜きます。

4　両手を上げて後退
　　次の行動に備える

両手を上げたまま、小さくステップバックして相手から離れます。パッシヴスタンスをとり、相手の次の行動に備えます。

| 手首、腕をつかまれたとき |

高い位置での
両手のリストリリース

相手が両手で、左右両方の手首をつかんできたときに使うテクニック（リストリリース）です。両方の手を内側に回転させて、相手の手を瞬時に振りほどきます。

スターティングポジション

相手が肘を曲げて上げた両手の手首をつかんできた状態から始めます。

1 左手は時計回り　右手は反時計回りに

両手をどちらも内向きに回転。左手は時計回り、右手は反時計回りに回します。

2 自分の小指を　ホールドの弱い方に

ホールドの弱い方に、自分の小指側を向けて両手のホールドを同時に外します。

Hint

両手の親指を内向きに回転させることで、相手はホールドを失いますが、そのはずみでヘッドバッドされる危険があります。もしもの場合、顎を引いておけばダメージを最小限に抑えることができます。

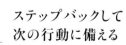

3　顎を深く引いて　ヘッドバットに注意

このとき、顎を深く引いて、頭突き（ヘッドバット）をもらわないようにしましょう。

4　ステップバックして　次の行動に備える

両手を上げたまま、小さくステップバックして、相手の次の行動に備えます。

| 手首、腕をつかまれたとき |

低い位置での
両手のリストリリース

相手が両手で、左右の手首を低い位置で押さえつけてきたときに使うテクニック（リストリリース）です。曲げた両肘を同時に相手に押し出して、瞬時に相手の手を振りほどきます。

スターティングポジション

相手が上から両方の手首をつかんできた状態から始めます。

1 親指を上にして
両手を自分の顔の方へ

両手を内側から上へ。親指を上にして、自分の顔の方に動かします。

2 ジョイント部分が
自分に向くよう回転

ホールドの弱い相手の親指と人差し指のジョイント部分が、自分に向くようにします。

Hint

低い位置でのリストリリースの場合は、スターティングポジションである、ニュートラルスタンスから
ファイティングスタンスへの移行に似た動作になります。その動きをイメージして行なえば、自然に、
スムーズに相手の両手からリリースできるでしょう。

3　曲げた肘を押し出し　テコの原理で離脱

曲げた肘を、相手に向かって押し出すように
すると、テコの原理で離脱できます。

4　ステップバックして　次の行動に備える

両手を上げたまま、小さくステップバックし
て、相手の次の行動に備えます。

| 手首、腕をつかまれたとき |

片方の手首を両手で
つかまれたときのリストリリース

相手が前方から、両手で片方の手首をつかんで引っ張ろうとしてきたときに使うテクニック（リストリリース）です。腕の回転と肘打ち（エルボー）の動作で、相手につかまれた手を瞬時に振りほどきます。

スターティングポジション

相手が両手で一方の手首をつかんできた状態から始めます。

1 遠い方の手を伸ばし つかまれている手に

引っ張られないように重心を落とし、つかまれていない、相手から遠い方の手（この場合は左）を伸ばします。相手の両手の間から、つかまれている方の手の拳と組み合わせます。

2 相手の手首より高く 拳を引き上げる

つかまれている腕の肘を曲げ、拳を相手の手首より高い位置まで上げます。その際、伸ばした左手の力も加え、親指を自分側に向けた拳を引き寄せます。

Hint

相手の力の方向に逆らわずに、力の方向にステップインし、リリースの動作に移ります。相手が両手でつかんできた場合は、自分も両手で対処するようにしましょう。

3

タテから横向きに鋭く回転

手首をつかまれている腕を、タテから横向きに鋭く回転させます。こうすることで、相手の手首にひねりを加えます。

Variation

4

エルボーで手首をほどく

エルボーを打つ要領で手首をほどきます。これはソフトテクニックなので、相手に肘を直接当てることはしません。

5

後退して次の行動に備える

両手を上げたまま、小さくステップバックして相手から離れます。パッシヴスタンスをとり、相手の次の行動に備えます。

引かれた勢いで股間蹴り

両手によるリストリリースがすぐにできない場合は、股間蹴りなどの攻撃と併用しながらリリースに移ります。

後ろから口をふさがれたときの防御

後ろから口をふさがれ、片手をつかまれた状態である。首を絞められた場合の対処方法である手のフックを使い、まずは声が出せるように相手の手をフックで引っ掛けて剥がします。

スターティングポジション

ニュートラルスタンスで後ろから口をふさがれた状態から始めます。

1 口をふさいだ手を大きく後方に

口をふさいできた手を大きく後方にもっていきます。手は鉤状（フック）を作っておき、首に力を入れてそり返りを防ぎます。

2 勢いをつけてフックを引き剥がす

口をふさいだ手を、勢いをつけてフックで引き剥がします。つかまれた手は振りほどくか、肘から下を自由に使えるようにしておきます。

Hint

人は突然不用意な攻撃をされた場合、恐怖で体が固まってしまうことがよくあります。ふさがれた口の解除に合わせて、相手の手を噛むことも意識する必要があります。

3 相手の右手をキープ 腰を振って股間打ち

相手の右手を一気に引き下げて、自分の胸元に右手でキープします。同時に腰を振って、左手の手のひらを使って後ろ向きに相手の股間に打ち込みます。

4 最後は顔面への肘打ち 下から上への連続攻撃

股間打ちからのフォローで、流れるように腹部または顔面に肘を打ち込みます。これは下向きの手の動きから、自然に出る攻撃の連続テクニックです。

髪の毛を引っ張られたときの 防御（ヘアグラブ）

Lesson 51

| 頭、髪の毛をつかまれたとき |

髪の長い女性は特に覚えておきましょう。相手が前髪をつかんで（ヘアグラブ）外向きにひねってきたときに使えるテクニックです。勢いよく体を前に折り曲げて、髪をつかんでいる相手の手首に圧力をかけて倒し、素早く反撃に転じます。

スターティングポジション

ニュートラルスタンスで、相手が前から髪をつかんできた状態から始めます。

1 相手の手を持って 頭に押さえつける

両手を上げて勢いよく振り下ろし、相手の手をこちらの頭蓋骨に押さえつけます。

2 お辞儀をする感じで 相手の手首に圧力を

お辞儀をする感じで体を曲げます。急激に圧力がかかり、相手の手首は反り返ります。

Hint

髪の毛をつかまれるのは、特に女性が受けやすい攻撃です。前からつかまれた際は、相手の手の甲をつかんで頭に押さえつけます。そのとき、顔を守るため両脇も締めておきます。相手が膝をついたら、後ろにステップすることでより体勢を崩すことができます。

3 手を振りほどき 素早く後退する

相手が倒れたら手を振りほどき、相手の体を伸ばすようにして素早く後退します。

4 離れ際、顔面に フロントキックで反撃

離れ際に、相手の顔面へのフロントキックで反撃します。

Lesson 51

頭、髪の毛をつかまれたとき

Variation

横から引かれている

スターティングポジション

1 下に引かれるままに 相手の懐に飛び込む

髪をつかまれ、下へ引かれるのに合わせてバーストし、懐に飛び込みます。

2 膝蹴りをブロックし 空いた手で股間打ち

近いほうの腕（この場合は右）で膝蹴りをブロックし、空いたほうの手で股間を打ちます。

3 体ごと前進して 顎や顔面にパンチ

体ごと前進を続け、できれば体を起こして、相手の顎や顔面へのパンチで反撃。

Variation

後方から引っ張られている

スターティングポジション

1 引かれる力に逆らわず そのままバースト

引かれるままにバースト。スピンしそうになってもそのまま動いていきます。

2 回転して向き直り 手で腿をブロック

回転して向き直ったら、近い方の手（この場合は左）で相手の膝蹴りをブロックします。

3 体を起こして 顔面への攻撃で反撃

相手が攻撃をやめたら、すぐに顔面への打撃や股間打ちなどで反撃します。

前からのベアハッグ①

両手が空いていて、動けるスペースがあれば、手近な武器を使うことができます。しかし、テイクダウンされる危険性も高まります。そうならないようにディフェンスしつつ、最大のパワーで反撃しなければなりません。

スターティングポジション

ニュートラルスタンスで、相手が正面から羽交い締めにくる状態から始めます。

1 重心を落とし 両手を腰に当て 相手を寄せない

右足を後ろに引き、重心を落として持ち上げられないようにします。相手の腕の内から両手を伸ばし、相手の腰の辺りに手のひら部分を当てます。

Hint

相手が大き過ぎて、腰の辺りに手を当てるのが難しい場合は、膝を使って突き放したり、次のレッスンで紹介するような「首へのテコ」のテクニックを使います。

2 ボディに膝蹴りで すかさず反撃

すぐに反撃に転じ、相手のボディに膝蹴りを連打します。状況に応じて、両手を放してさらに攻撃を続けるか、相手をふりほどいて距離をとります。

Scene F

野外実戦

後方からバッグを
奪われそうになったら

step 1　背後から
バッグをつかまれた

道の左側を歩いていたら、右手で
持っていたバッグを突然つかまれ
ました。

step 2　相手と
バッグの取り合い

バッグの取り合いになりますが、
このまま引っ張り合いを続けても
勝ち目はありません。

**安全に身を
守るポイント**

力対力では不利な場合が
多いです。相手の力に
逆らわず移動し、その力
を利用すれば、打撃のパ
ワーも増し、よりダメー
ジを与えられます。

攻撃したら
素早く逃げよう！

step 3 相手の懐へ 股間蹴りで反撃

相手の力に逆らわず、逆に懐に一
歩踏み込んでフロントキックで股
間を蹴り上げます。

step 4 エルボーを 打ち下ろす

思わず前傾姿勢になった相手に向かっ
て、タテのエルボーを打ち下ろします。

step 5 ひるんだら 素早く避難！

バッグを取り返したら、その場から素
早く離れましょう。

前からのベアハッグ②

相手とのスペースが限られていたり、バランスを崩して膝蹴りを出すことができないときに使いましょう。この場合は両手が使えるため、相手の顔への攻撃が可能です。

スターティングポジション

ニュートラルスタンスで、ベアハッグを仕掛けられ、両手が空いている状態から始めます。

1 持ち上げられないよう 腰を落として腕を回す

相手は顔を左右どちらかに向けて胸に押しつけてきます。逆の腕（この場合は左）を相手の頭に回し、側頭部の髪をつかみます。髪がない場合は、鼻をつかんで目に指を入れます。

2 相手の頭をひねって すかさず打撃を入れる

相手の頭をひねって顔を引き剥がします。相手の下顎が回転して、体から離れていきます。もう一方の手で補助するときは、手のひらの底の部分を下顎側面に当てて押します。

Hint

相手の顔の向きと同じ側の手を使うこともできます（この場合は右）。その場合は、親指と人差し指の間の「水かき」の部分を相手の鼻の下に当てて、下顎を上げさせます。相手の体勢が崩れたら、逆の手を使って反撃します。トレーニングでは相手の顔の向きも変えて行ないましょう。

3　クラッチが外れたら 反撃して距離をとる

相手の体が離れたら、バックへステップして、相手が倒れるスペースを作っておきます。そこから、ストレートパンチやハンマーフィストパンチで反撃します。

前からのベアハッグ③

足下が安定していて、さらに相手との間にわずかな距離がとれる状況であれば、すぐにストンピングや股間へのキックなどで反撃に移ります。

スターティングポジション

ニュートラルスタンスで、相手がベアハッグを仕掛けてきたが、いくらかスペースがある状態から始めます。

左足を引き重心を落とす

左足を後ろに引き、持ち上げられないように重心を落とします。

両手のひらを相手の腰に

両手のひらを相手の腰にあてがって、相手がこれ以上体を寄せられないようにします。

後ろに引いた足で反撃開始

後ろに引いた足（この場合は左）で、股間またはボディに膝を打ち込みます。

前腕部を相手の首に当てる

内側（この場合は左）の前腕部を相手の首に当てて、踏み込まれないようにします。

Hint

すでにスペースがあれば、ストンピングや股間へのキックで素早く反撃してもいいでしょう。密着している相手を離すため手で股間を打つには、腰を少し後ろにずらし、オープンサイドの手を使います。もちろん、股間を打つ代わりに、つかんだり、ねじったりしてもかまいません。

対して、相手が正面からのベアハッグで密着してきた場合。反撃するためには、まず相手との間にスペースを作らなければなりません。

スターティングポジション

ニュートラルスタンスで、相手がベアハッグを仕掛け、腕ごと抱え込まれて密着している状態から始めます。

 1

片手か両手を相手の股間に

片手か両手を相手の股間に。反射的に相手は腰を引くので、スペースが生まれます。

2

両手のひらを相手の腰に

両方の手のひらの底を相手の前腰にあてがって、体を寄せられないようにします。

 3

股間またはボディに膝打ち

後ろに引いた足（この場合は右）で、股間またはボディに右の膝を打ち込みます。

4

前腕部を相手の首に当てる

内側（この場合は右）の前腕部を相手の首に当てて、踏み込まれないようにします。

後ろからのベアハッグ①

後ろからベアハッグを仕掛けられてもすぐさま反撃し、エスケープするためのスペースが作れることを前提にしたディフェンスです。スペースを作れない場合は、「後ろからのベアハッグ③」（P184-185）の指取りを参照してください。

スターティングポジション

ニュートラルスタンスで、後ろからベアハッグを仕掛けられ、両手は空いている状態から始めます。

1 重心を落として体重を前に

抱えられたら、持ち上げられないようにすぐに重心を落として体重を前にかけます。

2 顔を狙って後ろ向きでエルボー

前に組まれた相手の手をホールドしながら、顔を狙ってエルボーを打ち込みます。

3 コンビネーションで打ち込む

必ず両方から「ワン・ツー」のコンビネーションで打ち込みます。

4 体を回して反撃を開始

エルボーによってスペースができたら、体を回して反撃を続けます。

エルボーを打ってもスペースができない場合は、足の踵で相手の足の甲や指部分を踏みつけるストンピング、脛への踵蹴り、股間へのアッパーカット・バックキックなどで攻撃を続けて持ち上げられないようにしましょう。

5 正対するように回転
右手を左手でロック

体を相手と正対するように回転する際、相手の右手を左手でロックして、再び手を回されないようにします。空いたインサイドの手（この場合は右）も上げます。

6 右手を相手の首に
体をコントロール

相手の右手を左手でさらに上げ、右手を相手の首に当てて、下に押します。これで相手の体をコントロールすることができ、踏み込まれないようになります。

7 膝蹴りや股間蹴り
なおも反撃を続ける

前傾させた相手のボディに膝蹴りや、股間蹴りなど反撃を続けます。相手の動きが止まったら、小さくステップバックして相手の状況を確認します。

後ろからのベアハッグ②

これは両腕ごと抱えこまれたときのディフェンスです。前ページの「後ろからのベアハッグ①」のディフェンスと基本的な考えは同じです。しかし、両腕が使えないため、まずは相手の下半身に攻撃を仕掛けてスペースを作ります。

スターティングポジション

ニュートラルスタンスで、後ろから両腕ごと抱え込まれた状態から始めます。

1 重心を落として後ろ向きに股間打ち

相手がつかみかかってきたら、すぐに重心を落として、持ち上げられないようにします。腰を左右どちらかにずらして、片手で後ろ向きに相手の股間を打ちます。

2 足の甲や指へストンピングする

それでもスペースができない場合は、踵で相手の足の甲や指を真上から力強く落とすストンピングを決めます。ヒールを履いていれば、より大きなダメージを与えられます。

Hint

股間打ちには、一番にダメージを与える目的がありますが、ここでは、最初に腕を動かせることで相手にしっかりホールドをさせないということが重要です。ただし、強く絞めつけられている場合は腕を動かすことさえ難しいこともあります。

3 股間蹴りなどで なおも反撃を続ける

まだスペースができなければ、股間へのバックキックや、脛への踵蹴りなどでなおも反撃を続けます。

4 体重を移動したり 再度のホールドを阻止

回していた相手の腕が緩んだら、体重を移動したり、もがいたりして、再びホールドされないようにします。

5 ボディへのエルボーで 相手を遠ざける

そして、少しでもスペースができたら、ボディへのエルボーなど、相手を遠ざけるように反撃を続けます。

6 相手の方に向き直り なおも反撃を続ける

さらに十分なスペースができたら、反転して相手の方に向き直り、ボディへの膝蹴りなど、なおも反撃を続けます。

後ろからのベアハッグ③
（指取り）

後ろからベアハッグを仕掛けられたとき、両手が空いていれば、エルボーで反撃することができます。しかし、相手はそうさせないように、頭を背中に押しつけてくることもありますので、相手の腕をほどくテクニックも必要です。

スターティングポジション

ニュートラルスタンスで、相手に後ろからベアハッグを仕掛けられ、両手が空いている状態から始めます。

1

一方で手首を押さえ
指先から引き剥がす

相手の前腕部に両手を滑らせて指を探します。一方の手（この場合は左）で相手の手首辺りを押さえ、もう一方の手で指先から引き剥がしにかかります。

Hint

指の根本や途中から引き剥がそうとしても、相手のグリップが強くて剥がしにくいでしょう。孤立させる指（この場合は人差し指）は、自分の手の小指側が相手の指の根本に、親指側が指先にくるようにつかみます。腕がほどけたら、その指をつかんだままステップアウトして離れ、キックで反撃します。

2　指が緩んできたら 人差し指をつかむ

相手の指が緩んできたら、その指（ふつうは人差し指）をつかみます。相手の手首をつかんでいるもう一方の手を、指の根本付近に移動させます。

3　つかんだ指を 孤立させ ベアハッグを外す

つかんだ指を孤立させ、指を相手の指関節に突っ込むようにいったん押しつけます。そのあと、手先の方へ引っ張るとベアハッグが外れます。

| ベアハッグ　抱きつかれたとき |

前からリフティングされた ときの護身

両手が使える場合は、両手と両足で支点を作り、自分の体を安定させます。すかさずもう片方の足で股間に攻撃。リフティングを解けない場合は、その状態でも顔面に反撃を加えます。

スターティングポジション

ニュートラルスタンスで、相手に正面から両腕を抱きかかえられた状態から始めます。

1 左足を引っかけ 股間に膝蹴りで すかさず反撃

持ち上げられたら、すぐに股間への膝蹴りで反撃。蹴り足と反対の足（この場合は左）を相手の膝に引っかけて安定させ、蹴り足を大きく振りかぶります。

Hint

両手が使える場合は、両手と両足で支点を作り、自分の体を安定させます。すかさずもう片方の足で股間に攻撃。リフティングを解けない場合は、その状態でも顔面に反撃を加えます。

2 ベアハッグが ゆるんだら 着地に備える

股間に強い打撃が入れば、相手はすぐに持ち上げるのをやめるので、着地のときにバランスを崩さないように備えます。

3 離れないなら 顔面や喉へ 容赦ない反撃を

着地してもまだ相手が離れないなら、相手の髪をつかんだり、目を突いたり、顔面や喉へハンマーフィストパンチを落としたりするなどの反撃が有効です。

| ベアハッグ　抱きつかれたとき |

後ろからリフティングされた ときの護身

後ろからベアハッグを仕掛けられて持ち上げられたときは、98 ページの「近距離での後ろ蹴り（バックキック）」を相手の股間に入れます。相手は持ち上げるのをやめるので、着地したらすぐに反撃に転じます。

スターティングポジション

ニュートラルスタンスで、相手に後ろからベアハッグを仕掛けられた状態から始めます（両手は空いていても、抱きかかえられていてもいい）。

1 持ち上げられたら すぐに股間をキック

相手に持ち上げられたら、すぐにアッパーカット・バックキックを股間に入れます。同時に空いている方の足は、相手の足（甲を相手の膝裏に）に巻きつけておきます。

2 一方の足を巻きつける 両手もしっかりロック

空いている方の足（この場合は左）を相手の足に巻きつけるのは、投げつけられたり振り回されたりするのを防ぐためです。前に組まれた手もしっかりロックします。

Hint

足をトラップしてからキックするのではなく、持ち上げられたら即座に蹴り出しましょう。両手が使える場合は、後ろからのベアハッグの要領で肘打ち、ヘッドバットも想定してください。

5 バランスを崩さぬよう 着地に備える

股間への打撃によって、相手はすぐに持ち上げるのをやめるはずです。あらかじめ、着地時にバランスを崩さないように備えておきましょう。

6 相手に向き直って 反撃を開始

着地したらすぐに相手の両手を外し、相手の右手首を左手で握ります。その手を押し上げながら、体を回転。その勢いで右手を相手の顔面に打ちつけます。

7 反撃を続けたあとは ステップバック

そのあとはボディへの膝蹴りなど、さらに反撃を続けます。相手の動きが止まったら、手を離し、小さくステップバックして相手の状況を確認します。

Scene G ｜ベアハッグ｜

後ろから腰に手を回されて抱えられそうになったら

step 1 後ろから抱きつかれた

相手が後ろからベアハッグを仕掛けてきました。両手は空いている状態です。

step 2 重心を落とす

後ろから抱えられたら、すぐに重心を落として体重を前にかけ、持ち上げられないようにします。

step
3 後ろに
　　水平エルボー

相手の顔面を狙って、後ろ向きにエル
ボーを飛ばします。

step
4 膝を上げる
　　足下を確認

膝を高く上げ、足首を若干曲げれば踵
が当てやすくなります。

step
5 ヒールで
　　甲を踏み抜く

踵に自分の体重を乗せ、相手の足の甲
を踏み抜くように振り下ろします。

P192に続く➡

Scene G | ベアハッグ |

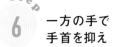

step 6 一方の手で手首を抑え

一方の手（この場合は左）で相手の手首辺りを押さえ、もう一方の手で指先から引き剥がしにかかります。

つかんだ指を相手の指関節に押しつけ、手先へ引っ張るとベアハッグが外れます。

step 7 人差し指から引き剥がす

相手の指（ふつうは人差し指）をつかみます。一方の手を、指の根本付近に移動させます。

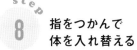

step 8 指をつかんで 体を入れ替える

指をつかんだまま相手の腕を取り、関節を決めながら体を入れ替えます。

step 9 指を極めながら 股間蹴り

指を極めながら相手の首部を抑えて股間蹴りなどの追加攻撃。

step 10 ひるんだら 素早く避難！

相手がひるんで、動きが止まったことを確認してその場から離れます。

基本形（バックポジション）

受け身を上手にとり、攻撃に備えるポジションを早くとることができれば、それだけ防御がしやすくなります。後ろ受け身からグラウンドポジションまで、一連の流れとして覚えておきましょう。

| 後ろ受け身

中腰の体勢から始めます。後ろ受け身は、後頭部を地面に打たないように顎をしっかり引いて行ないます。

手のひらから前腕部、さらには背中上部の広い筋肉を使って衝撃を吸収します。頭と腰をケガから守ります。

Hint

最初は腰を落として低い姿勢から始めましょう。床も、畳やマットなどクッションのある場所で行なってください。受け身をとることは、倒れた場合に自分のケガのリスクを防ぐので必ず練習しましょう。

ポジション

仰向けに寝て、頭と肩を浮かせ、顎を胸につけます。両手を上げて顔面をガードし、片方の足は膝を立てて、お尻の近くに。もう一方の足の膝を上げ、腰は浮かせます。

このポジションをとれば、背中と足のわずかな部分しか地面についていないため、攻撃に対応しやすくなります。

グラウンド状態から立ち上がる

どのような場合でも、グラウンド状態での最終目標は立ち上がることにあります。しかし、立ち上がるのにも戦術的な判断が必要です。ここではグラウンドファイティングのポジションから、もっとも安全に立ち上がる方法を紹介します。

スターティングポジション

グラウンドでのバックまたはサイドポジションから始めます（写真はバックポジション）。

1 ベースフットと 手を地面につけ 腰を浮かせる

相手が後ずさりしたら、ベースフット（支えの足）を地面につけ蹴り足を浮かせます。同時にベースフットと反対側の手を地面について腰を浮かせます。

Hint

体の下に足を通すときには、真後ろに引くのではなく、斜め後ろに引くようにすると動きやすくなります。片手で腰を浮かせられないときは、両手を使ってもかまいません。ただし、その場合はガードが弱くなるので注意が必要です。

2　蹴り足を体の下を通し素早く後ろに

蹴り足を、体の下を通すようにして、素早く後ろへ引きます。このとき、足が腰の真下ではなく、体より後ろにくるようにします。

3　立ち上がって距離をとり次に備える

立ち上がりながら、後ろに下がって距離をとります。ファイティングスタンスをとって、相手の次の行動に備えます。

ガード状態からのキックオフ

相手が自分のガードポジションに入っているときに、距離をとるための基本的なやり方です。相手の体重が後ろにかかっているときに行なうと成功しやすく、前に体重をかけられているときにも、（少し難しいですが）使うことができます。

スターティングポジション

相手をガードポジションでホールドした状態から始める。

1　一方の腰に体重 膝頭を当てる 顔面もガード

一方の腰に体重を移し、反対の足（この場合は左）の膝頭を相手の体に当てます。両手を上げて顔面をガードしておくことを忘れずに。

Hint

左足は、腰を上げて高い位置まで膝をもっていきます。膝、脛、足首まで、タスキのようにして相手の接近を食い止めます（相手のパンチが届かないように）。

2 下の足で腰を蹴って スペース確保

下になった方の足（この場合は右）で相手の腰を蹴ってスペースを作ります。スペースができたら、左足を振り上げます。

3 顔面を蹴り上げ 立ち上がって 距離をとる

上の足（この場合は左）で相手の胸または顔面を蹴り上げます。このあと、立ち上がって距離をとり、相手の動きを確認します。

ガードポジションの際の
ディフェンス（足フック）

グラウンド（地面に倒れた状態での）ファイティングは、総合格闘技やブラジリアン柔術では人気があって、今日ではとてもよくあるファイティング・シチュエーションになっています。しかし、護身術ではグラウンド・ファイティングは最大限避けるべきものです。そうはいっても、防御者は不意を突かれた攻撃に反応することを認識しておくことも大切です。

1 足首を交差させ
相手を囲い込む

性犯罪に対処する際にもっとも一般的なポジションです。相手の背中で足首を交差させ、足で囲い込みます。護身の観点からすると一般的ポジションになります。

Hint

地面でとるポジションにはさまざまなパターンが考えられます。このクローズドガードとオープンガードは一般的なケースですが、どちらも攻撃のためのポジションではありません。囲い込んだり、制御するためにその場にとどまらず、一刻も早くその場から逃げる行動に移ってください。

2 クラッチを外し膝を立てて侵入をガード

1のクローズドガードから、足のクラッチを外したオープンガードに。膝は立てたままで相手の上半身の侵入を阻止し、パンチなどの攻撃に備えます。

3 反撃や避難に転じる基本姿勢

このポジションからは、足を使って蹴りなどの反撃を行なったり、相手の動きを観察して避難するなど、一般的に護身で推奨されているポジションです。

Lesson 64

グラウンドテク

マウントからのパンチに対する
ディフェンス（腰での跳ね上げ）

仰向け状態からマウントをとられてパンチを連打されるのは、
うつ伏せでのマウントに次ぐ2番目に悪いポジションです。
簡単に逃げ出せませんが、腰を使うことで、パンチを打ちに
くくし、少なくとも連打を防ぐことができます。

スターティングポジション

グラウンドで仰向けになり、相手が馬乗りのマウントになった状態か
ら始めます。

1 脇を絞めて
両手は顔の近く
肘を相手の腿に

脇を締め、両手を顔の近くに持っ
ていきます。肘を相手の腿ない
し膝に当てて、いま以上に相手
が顔の方へ上がってくるのを防
ぎます。

Hint

腰を反らすと、ロデオのカウボーイのように体重を後ろに持っていき、バランスをとろうとする相手もいます。その場合、トラップ・アンド・ロールはできませんが、相手は後ろに体重をかけているため、強いパンチを打ちにくくなります。

2 パンチに合わせ腰を反らしバランスを崩す

パンチが飛んできたら、それに合わせて腰を反らし、相手のバランスを崩します（お腹の上にテニスボールを乗せて、それを頭越しに飛ばすような感覚）。

3 跳ね上げても両手はつねに上防御に備える

両手はつねに上に。跳ね上げても、相手がパンチを打ってくることはあります。インサイドやアウトサイドディフェンスができるように備えておきましょう。

グラウンドテク

マウントされている状態から
逃げる(トラップ・アンド・ロール)

トラップ・アンド・ロールの基本的な考えは、マウントをとった側は、バランスを崩すと両手・両足を地面に着けて（ベースアウトして）体を支えるということです。片方の腕または足をトラップすれば、相手をロールすることができます。

スターティングポジション

グラウンドで仰向けになり、相手が馬乗りのマウントになった状態から始めます。

1 腰を跳ね上げる
バランスを崩し
ベースアウト

腰を跳ね上げて相手にベースアウトさせます。

Hint

寝技に熟達した相手だと、簡単に腕をとらせてはくれません。そういうときは、何度も腰を跳ね上げて、とにかくベースアウトさせることです。ベースアウトさえさせれば、少なくとも相手はパンチを打てません。衣服をつかんだり、両手で相手の手首をつかむなど、思いつくかぎりの方法を試してください。

2 片腕を伸ばし肘の上の部分をつかまえる

片腕（この場合は左）を伸ばして、相手の一方の腕をトラップします。必ず肘から上の部分をつかまえます。

3 足を使って腕と同じ側の足もつかまえる

腕をトラップするのと同時に、足を使ってつかまえた腕と同じ側の相手の足（この場合は右）をトラップします。

P206に続く➡

4 腰を使って跳ね上げ 体勢を入れ替える

腰を使って、相手を頭の方へ跳ね上げます。動きの最後に、トラップした側に腰をロール（回転）させて体勢を入れ替えます。

5 ロールしたあとは 相手の手を制御

ロールすると同時に、相手から攻撃を受けないように片手（この場合は左）で相手の手をコントロールします。

6 最後は上になりながら 顔面へ打撃を打ち込む

最終的に上になりながら、動きのなかで打撃を加えていきます。目標は顔面へ打撃を打ち込むことです。抵抗されてできない場合は、股間を打っていきます。

7　立ち上がる際にも油断してはいけない

相手のチェックを防ぐため、両手で相手の膝を制しながら立ち上がります。

8　股間に反撃を加えて素早く離れる

立ち上がると同時に、必要あれば股間に反撃を加え、立ち上がって相手から素早く離れます。

9　攻撃を受けない位置へ距離をとる（離れる）

距離をとって、相手から攻撃を受けないようにします。状況を観察するか、その場から逃げましょう。

マウントからの首絞めに対する
ディフェンス

仰向けでマウントをとられての首絞めは危険な状態です。首絞めに対して、危険なところ（この場合は喉）に両手を持っていくのが本能的な反応です。この反応を活かして、ディフェンス、そして反撃へと移ります。

スターティングポジション

グラウンドで仰向けになり、馬乗りになった相手が首を絞めてきた状態から始めます。

1 親指以外の指を鉤フックの形に内側に差し込む

親指以外の4本の指を曲げ、親指をきっちりとつけて、手を鉤フックの形にします。相手の手にかぶせ、両腕の内側に差し込みます。

Hint

プラッキングから腰での跳ね上げは、途中で動きが止まると成功しないので、2つの動きをほとんど同時に行ないます。相手が寝技の経験が豊富な場合、単純な首絞めではなく、首を圧迫してきたり、胸で顔面を押しつぶしてきたりと、危険な仕掛けをしてくることもあるので注意が必要です。

2 指に引っかけて 外へプラック 頭突きに注意

相手の親指に近いところを引っかけて、一気に外へと引き剥がします（プラックする）。そのとき、弾みでヘッドバッドされないように顎を引いておきます。

3 トラップした 足側の方に向け 腰で跳ね上げる

トラップした足（この場合は右）側の肩に向かって、腰で跳ね上げます。手をとっているので、相手はベースアウトできません。

P210に続く➡

4 体勢を入れ替え 打撃を加えつつ 上になる

一気に体勢を入れ替えます。最終的に上になりながら、動きのなかで打撃を加えていきます。

5 目標は顔面へ 打ち込む打撃 股間打ちもあり

目標は顔面にエルボーやパンチなどの打撃を打ち込むことです。抵抗されてできない場合には、股間打ちが効果的です。

6　攻撃を警戒しながら 立ち上げる

相手の攻撃を防ぐため、両手で相手の膝を制しながら、できるだけ早く立ち上がります。

7　離れ際に駄目押し 素早く離れる

立ち上がって相手から素早く離れます。離れる際に、駄目押しで股間蹴りをきめておきます。

8　攻撃を受けない位置へ 距離をとる（離れる）

距離をとって、相手から攻撃を受けないようにします。状況を観察するか、その場から逃げましょう。

グラウンドテク

横からの首締めに対する
ディフェンス

自分が仰向きに寝ている状態で、相手が自分の横に膝をつき、
首絞めを仕掛けてきたときのディフェンステクニックです。
相手を倒したら、しっかり距離をとり、次の行動に備えます。

スターティングポジション

仰向けに寝た自分の右横に、相手が膝をつき、首絞めを仕掛けてきた
状態から始めます。

相手の右手首をプラック

左手の指を鈎（フック）の形にして相手の
右手首をプラックします。

顎ないし顔面に掌底

右の掌底を相手の顎ないし顔面に打ち込み、
スペースを作ります。

両手で右手をホールド

膝を巻き込むように下半身を上げて、左足
を浮かせ、両手で右手をホールドします。

顔面にキックを入れる

左足で相手の顔面に向かって、上向きに「踏
みつけ」ます。

Hint

場合によっては、左足をキックの代わりに相手の首に足を絡めてアームバー（腕十字）で極めてもいいでしょう。ただし、グラウンドに慣れていない人は、キックして離れてください。

5 相手を蹴り飛ばして 腕のホールドも解除

上向きに踏みつけるようにキックで蹴り飛ばす。そのとき、ホールドしていた両手を離します。

6 グラウンド状態から 立ち上がる

196 ページ「グラウンド状態から立ち上がる」の要領で素早く立ち上がる。

7 攻撃を受けない位置へ 距離をとる（離れる）

距離をとって、相手から攻撃を受けないようにします。状況を観察するか、その場から逃げましょう。

ベルトやハンドバックなど
防御に使える日用品の使い方

　毎日の生活のなかで、周りに武器や盾として使えそうなものがあるか考えたことはありますか？　ペン？　ベルト？　日用品のなかには、攻撃をしたり、攻撃から身を守るために使えるものがあることを知っておきましょう。

　2018年に新幹線の車内で、男が鉈（なた）を振り回し3人の方が死傷した事件がありました。記憶に新しい凶悪な事件でしたが、そのとき車掌はシートの座面を盾に使用しました。乗務員はすでにマニュアルで知っていたのですが、私たちはシートの座面が簡単に外れることはもちろん、護身に使えことも知りませんでした。

　このように身の周りにあるもの、さらには普段身につけている日用品のなかにも護身に使えるものがあります。

　たとえばベルト。ベルトをパンツから抜き、バックル側をドにして鞭のように相手を攻撃することができます。バックルがこめかみや手に当てることができれば、相手の動きを止める効果も期待できます。さらには、スティックなどを振りかざしてきた場合の盾にもなります。

　ハンドバックも、相手の顔面を狙ったり、相手がナイフをかざしてくるような場合でも、ナイフを持った手にバッグを勢いよく当てることで、軌道を変えたり、ナイフを振り払うこともできます。

　ペンも攻撃には有効ですが、先端が鋭利なので、あまり力を入れ過ぎて相手の急所に刺さった場合は致命傷を与える可能性もありますので、過剰防衛には気をつける必要もあります。

ハンドバッグを使った場合の防御例

相手がナイフを持って襲ってきた場合

1 ナイフを持つ手を バッグで狙う

相手がどちらの手でナイフを持っているか、あなたがどちらの手でバッグを持っていても、ナイフを持つ手を狙ってバッグを振り上げます。

2 当てるだけでなく バッグを振り抜く

ナイフを持つ手にバッグを当てるだけでなく、勢いよく振り抜くことでよりパワーが生まれます。

3 ナイフが離れたら 瞬時に反撃

ナイフの軌道が外れ、相手に隙が見えたらすかさず股間蹴りなどで反撃します。相手がひるんだら、その場から素早く離れます。

| ベルト |

上からのナイフでの攻撃に対し、両手でベルトを伸ばして持ち、盾の代わりにすると同時にフロントキックなどで防戦します。

| 傘 |

ハンドバッグと同じようにナイフを持つ手を狙ったり、スティックによる攻撃を防御することもできます。

| ペン |

相手の首筋や喉を突くことができれば、一時的でも動きを止めることができます。

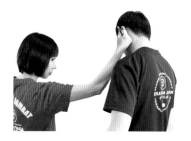

| 飲みもの |

お茶やコーヒーなど、熱い飲みものを持っていたら、顔面に向かって浴びせかけ、ひるんだ隙に股間蹴りなどで反撃します。

より危険な場面での上級技

第 4 章

集団への対応と動き方

相手はつねに一人とは限りません。複数人からの攻撃に対処することは不可能だと思うかもしれませんが、ルールや戦いの原則はあまり変わりません。多くの相手がいても、1対1の状況を作ることがカギになります。

スターティングポジション

パッシヴスタンスで、複数の相手が正面から襲ってきた状態から始めます。

1 両者を視界に入れ 迫る相手の手を払う

一方の相手に向かい、他方の相手に背を向けることなく、両者が視界に入る位置に。古典的なゾンビ歩きをしながら向かってきたら、両手で手を払い、向きを変えます。

2 相手を一直線に 一人を障害物に

相手を押し返すと同時に、両者が一直線に並ぶ位置に立ちます。遠い相手にとっては手前の人物が障害物となるため、つねに一人の相手を対処することができます。

一人以上の相手を対処するときには、動き方が非常に重要になります。一般的には、動きやすい状態を継続できるようにするため、上半身を攻撃に使いましょう。キックや膝蹴りでは、立ち止まったりバランスを崩したりしてしまいます。

3 相手が正面で横に並んで立ちふさがる

相手が目の前に並んで立ちふさがった場合も、まずは両者を視界に入れ避難するタイミングを計ります。

4 頭を下げ腕を上げ肘を突き出す

後ろや左右に回避するルートがない場合は、強攻で通り抜ける必要があります。ケガをしないよう頭を下げ、腕を上げ、肘を突き出して突破に備えます。

P220に続く➡

複数攻撃からの対処

5 突き出した肘で両者の顎や首筋を狙う

突き出した肘を急所である相手の顎もしくは首筋に当たるようにして、両者の間に一気に走り込みます。

6 逃げ続けるか武器を探して反撃に移る

このまま通り抜けることげできれば逃げ続けることが理想です。しかし、即時にその場からどうしても脱出できない場合は、武器を探すなどして戦います。

7 目の前に脅威ではない 第三者がいる場合

ときには、あなたにとっては直接の脅威ではない第三者（傍観者）で構成された群衆に囲まれることもあります。

8 人を傷つけることなく その場から離脱

このケースでは、周囲にいる人を傷つけることなく、できるだけ早く集団から抜け出すため、まずは抵抗の少ない道を探します。

9 手を頭上に上げ 体を回しながら前進

肘を曲げた手（この場合は左）を前に上げて、周りの人の間に入るように。体も回して差し込むようにするなど、接触を少なくして抜け出しましょう。

｜ ハンドガン ｜

正面からの銃に対する
ディフェンス

海外では何が起こるかわかりません。相手が右手に銃を持っ
ている前提でお話しします。なお、トレーニングで銃を使用
する際は、絶対に指を引き金にかけないようにしてください。
骨折する怖れがあります。

スターティングポジション

ニュートラル（またはパッシヴ）スタンスで、相手が右手で銃を構え
た状態から始めます。

1 左手を伸ばす
銃のサイドを
右へ押し出す

すっと左手を銃に向かって一直
線に伸ばします。人差し指の横
の部分を銃のサイドに当て、地
面と平行に、真っすぐに右へ銃
を押し出します。

最初のリダイレクトでは、体のほかの部分は決して動かしてはいけません。前傾もなし、緊張もなし、足の動きもなしです。「ステップ 2」でリダイレクトした時点で、パンチを打つために右手が上がってもかまいませんが、射線（銃口の延長線）に入らないように自分の体のそばを通します。

2　銃口をそらし　銃を握る　左足を前に

銃口が自分の体のラインから出たら、瞬時に銃を握り、さらに銃口をそらせます。左足を相手の右足の少し外側に運び、ファイティングスタンスをとります。

3　銃を水平に　顔面にパンチ　体重はつねに銃

銃と体の角度はおよそ 90 度、ほぼ水平に向かせ、右のパンチを相手の顔面に叩き込みます。このときも、体重はつねに銃にかけておきます。

P224に続く➡

4 パンチを戻し
腕を下から回し
銃をつかむ

パンチを戻し、その腕を、射線（銃口の延長線）に入らないように自分の体に沿って下ろしていって、銃の撃鉄か、スライド部分の後ろをつかみます。

5 銃を90度回転
勢いよく
銃を奪いとる

銃を鋭く90度回転させ、引きちぎるようにして、自分の右側に勢いよく引いて銃を奪います。実戦ではこれで相手の指が折れることもあります。

6　安全な距離をとり　両手を伸ばして構える

武器を奪ったらすぐにバックステップ。安全な距離がとれたら、両手を伸ばして銃口を相手に真っすぐ向けて構え、相手の動きを観察します。

左手で握った銃は水平に、体との角度もおよそ 90 度に保ったまま、右手を添えます。

両手で相手の手ではなく、撃鉄か、スライド部分の後ろを握ります。

銃の上にある左手を前に、下の右手を手前に。銃を 90 度回転させます。

銃を回転させることで、相手の手首がひねられ、簡単に銃を奪うことができます。

Point

横から頭に銃を突きつけられた ときのディフェンス

相手が右手に銃を持っている前提でお話しします。基本的には、前ページの「正面からの銃に対するディフェンス」と同じテクニックになりますが、頭に銃を突きつけられている危険な状態なので、ボディディフェンスをとり入れます。

スターティングポジション

ニュートラル（パッシヴ）スタンスで、銃を持った敵が横から頭に銃口を向けている状態から始めます。

1 右手を体に沿って上げ ボディディフェンスを

相手が右手で銃を突きつけてきたら、右手を体に沿って上げます（肘は後ろ向きのまま）。手が銃の近くまできたら、頭を後ろに傾けてボディディフェンスをとり始めます。

2 手のひらの部分で 銃を前方にリダイレクト

タイミングとしては、前項の「正面からの銃に対するディフェンス」を参考に、手のひら部分を銃のサイドに当て、前方にリダイレクトし銃身をつかみます。

3　銃口を約90度ずらし銃をコントロール

つかんだらすぐに銃口を自分から約 90 度の方向にずらします。この場合、銃は外側に向けることになります。

4　銃を両手でつかんで相手の方へバースト

銃を両手でつかんだまま、相手の方へバーストし、股間に蹴りを入れます。銃をやや下向きに鋭く 90 度回転させます。

5　銃を引きちぎるようにして奪取する

相手は手首がひねられるため、銃が手から離れます。銃を引きちぎるようにして奪取します。

6　安全な距離をとり両手を伸ばして構える

武器を奪ったらすぐにバックステップ。安全な距離がとれたら、両手を伸ばして銃口を相手に向けて構え、相手の動きを観察します。

後ろからの銃に対する
ディフェンス

後ろからの銃に対するディフェンスは、銃口を体のラインから外して、安全な状態にしたうえで反撃します。左上腕で銃を持った右手をホールドする際は、拳を自分の胸に押しつけ、肩を前に押し出して、相手の手首を確実にホールドします。

スターティングポジション

ニュートラル（またはパッシヴ）スタンスで、銃を持った相手が後ろに立った状態から始めます。

**1 左腕のリードで
射線から外し
体を傾ける**

左腕のリードで体を十分に回し、体を射線から外します。このボディディフェンスをすることで、足が動くより早く、相手に向かって体を傾けることができます。

Hint

構えた銃の位置が低い場合には、ボディディフェンスだけでなく、リードする腕でのリダイレクトも併用します。銃が背中の高い位置にある場合には、腕でのリダイレクトはほとんど効果がないので、大半はボディディフェンスによるリダイレクトです。ただしその場合でも、腕は回転の補助になります。

2　左手を背中まで　左足は右足の外　深くバースト

銃をリダイレクトした左手を相手の背中まで伸ばし、自分の左足が相手の右足の外にくるくらいまで、思い切りよく深くバーストします。

3　拳を胸につけて　確実にホールド　顔面にエルボー

包み込むように左腕を上げて、拳を胸にしっかりとつけて、前腕部で銃を確実にホールド。後ろの腕で相手の顔面にエルボーを叩き込みます。

P230に続く➡

4 腕を横に滑らせ 手首を押さえる 膝蹴りで反撃

もう一方の腕（この場合は左）を横に滑らせて、相手の前腕部ではなく手首を押さえるようにします。続けてボディへの膝蹴りで反撃をします。

5 相手の腕を固め 前掲の相手に 股間へのキック

相手の右腕を左手でホールドすることで、相手の体の動きをコントロールできます。膝蹴りで前掲になった相手に、さらに股間へのキックをフォローします。

6　空いた方の手で　銃身をつかむ

左手では相手の右腕を抱えたまま、空いた方の手（この場合は右）を、小指側を上にして伸ばして、銃身をつかみます。

7　スナップを利かせ　銃のグリップを外し　銃から指を引き剥がす

スナップを利かせて右の肘を下げ、銃のグリップを外します。銃を持ち上げて、右手で引き金から相手の指を剥がすようにして銃を奪います。

8　銃口での打撃で離脱　安全な距離から　銃を構えて相手を観察

右肘のエルボーか、銃口での打撃を叩き込み、すぐに離れます。安全な距離がとれたら、両手を伸ばして銃口を相手に真っすぐ向けて構え、相手の動きを観察します。

Scene H ｜ナイフ｜

ナイフを持った男が
突然目の前に現れたら

step

1 ナイフとの
距離を測る

ナイフを持った暴漢が突然目の前
に現れた。ナイフまでの距離を確
認します。

step 2　バッグを　ナイフに当てる

ハンドバッグを振りかざし、ナイフにしっかりヒットさせます。

step 3　蹴りが当たる距離まで踏み込む

相手が態勢を立て直す前に、蹴りが当たる距離まで踏み込みます。

step 4　体を反らして股間蹴り

相手が態勢を立て直す前に、相手の懐に踏み込みます。

step 5　懐に入って股間蹴り

ナイフとの距離を確保するため、体を反らして股間蹴りを放つ。

step 6　ひるんだら素早く避難!

相手がひるんだ隙に素早く、できるだけ遠くに避難します。

Lesson 72

| ナイフ |

正面からナイフで
脅されたときのディフェンス

その① 逃げることができる場合

正面からナイフで脅された場合、相手の心理は殺そうとすることではなく、金品などの財物を脅して取るという状態です。こちらが構えると、相手も身構えるため、弱々しく見せることで相手を油断させる戦術が有効な場合もあります。

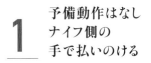
スターティングポジション

変形のパッシヴスタンスから始めます。

1 予備動作はなし
ナイフ側の
手で払いのける

初動は、予備動作なしで指先からナイフを払う動作を行ないます。相手の手の甲下辺りを力強く払い、ナイフを遠ざけます。

Hint

最初のリダイレクトでは、手以外のほかの部分は動かさない。体から動かすと、相手が反応しやすくなります。0.1秒でも相手の反応を遅らせることがポイントです。

2 股間蹴りで反撃し すぐに逃げる

ナイフを払い、すかさず股間蹴りで反撃。ナイフの横からのスラッシュを警戒するため、手は引き、体を反らせて距離をとります。相手がひるんだらすぐにエスケープします。

P236に続く➡

ナイフ

その② 逃げることができない場合

1 ナイフと同じ側の手で 相手の手首をキャッチ

その①と同じく、初動は手から動かし、そのほかのボディアクションはしない。ナイフと同じ側の手で相手の手首をつかみ、ナイフを遠ざけるように押し込みます。

2 ナイフを持つ手を 両手で確実にホールド

左手だけでは不十分でリリースされるおそれがあるため、右手でナイフを持っているグリップ部分を覆いかぶせるように握り込み、両手でしっかりホールドします。

3 ナイフをコントロール 反撃体勢に入る

ナイフを上方に上げながら股間蹴りができるスペースを作ります。この場合は、右足で蹴るほうが安定します。反撃は相手の力が弱まるまで入れます。

4　ナイフを持った手を上げ股間蹴りなどで反撃

両手で相手の腕をトラップしたまま、膝蹴りや股間蹴りを連打します。体重はつねに前寄りで、相手にかけておきます。

5　ナイフを持つ手を内側にキャヴァリエを行なう

相手の抵抗が弱まったら、相手の手首を外側に回します。そして、ナイフを持つ手を内側に曲げて、キャヴァリエを行なってナイフを取り上げます。

Point

相手の手の甲がこちらを向く形で、相手の右手首を左手でつかみます。

左手を手前に引きながら、上半身や足の力も使って、右手で押さえつけます。

前腕部の長さくらいの距離で行ないます。これで相手の手が開き、ナイフを奪えます。

後方からナイフを突きつけられたときのディフェンス

後方から突きつけられた場合、ナイフを体のラインから外して行なうカウンターの反撃と、ナイフをホールドすることが大切です。銃のようにそのものを持てないので、相手の手首をしっかりホールドし、すべってナイフが外れないようにします。

スターティングポジション

ニュートラル（またはパッシヴ）スタンスで、ナイフを持った相手が後ろに立った状態から始めます。

1 小さく振り向き相手の武器を瞬時に判断する

小さく振り向きます。その時点で、背中に当たっているものが何かわからないので、相手がどんな武器を持っているか、瞬時に判断しなくてはなりません。

構えたナイフの位置が低い場合には、ボディディフェンスだけでなく、リードする腕でのリダイレクトも併用します。ナイフが背中の高い位置にある場合には、腕でのリダイレクトはほとんど効果がないので、大半はボディディフェンスによるリダイレクトです。その場合でも、腕は回転の補助になります。

2 左腕のリードで リダイレクトし 体を傾ける

左腕のリードで体を十分に回してリダイレクトします。このボディディフェンスをすることで、足が動くより早く、相手に向かって体を傾けることができます。

3 左手を背中まで 左足は右足の外 深くバースト

ナイフをリダイレクトした左手を相手の背中まで伸ばし、自分の左足が相手の右足の外にくるくらいまで、思い切りよく深くバーストします。

P240に続く➡

4　拳を胸につけホールド
　　顔面にエルボーを打つ

包むように左腕を上げ、拳を胸にしっかり
とつけて前腕部でナイフを握っている手を
確実にホールド。後ろの腕（この場合は右）
で相手の顔面にエルボーを叩き込みます。

5　右手をそのまま
　　ナイフを持った手に

エルボーを叩き込んだ右手をそのまま振り
抜き、ナイフを握っている相手の右手をカ
バーします。

6　左手を相手の手首に
　　両手で右手を包み込む

相手の右手をホールドしていた左腕をほど
き、ナイフを持った右手の手首をつかみま
す。右手はそのまま、相手の手の甲に。両
手でナイフを持った手を包み込みます。

7 キャヴァリエを使い ナイフを奪い取る

相手の手の甲がこちらを向く形で、右手首を左手でつかみます。左手で引きながら、上半身や足の力も使って、右手で上から押さえつけ、開いた手からナイフを奪います。

8 右手をキープしたまま キックを打ち込む

ナイフは右手に、左手は相手の右手をキープしたままで、相手の体の動きをコントロール。右のフロントキックを股間やボディに打ち込み、反撃を行ないます。

9 距離をとって 相手の状況を確認する

奪取したナイフで追撃をするか、相手が弱っているのが確認できたら、すぐに離れます。安全な距離がとれたら、パッシヴスタンスをとり、相手の動きを観察します。

クラヴマガの
トレーニング

第 5 章

ケガをしないことを
第一に考える

クラヴマガの創始者イミ・リヒテンフェルドは、「クラヴマガの目的は、ケガをしないこと」と言うのが口ぐせでした。イミは、「危険な目に遭ったとき」ケガをしないように、トレーニング中もケガをしないようにすることが大切だと考えていました。

◎初めはゆっくり安全が上達への早道

　クラヴマガのテクニックはパートナーと一緒に練習してください。自分のものにするまでは、知識は何の意味もありません。練習では、現実性と安全性のバランスをとらなければなりません。「ゆっくり＝スムーズ」「スムーズ＝速さ」と覚えてください。積極的で現実的な攻撃を少しでも早く覚えたいという気持ちはわかりますが、初めはゆっくり、安全にやった方が実は早く上達するのです。

　アタッカーは本気で攻撃するのですが、スピードを落とし、力も最小限にします。たとえば正面からの首絞めに対するトレーニングならば、パートナーには優しく締めてもらいましょう。危険を認識できるくらいの圧力を感じる必要はありますが、全力で絞めにかかるのは、もっとあとの段階です。

　もし近くに資格を持ったインストラクターがいるのなら、少なくとも何回かレッスンを受けることをおすすめします。テクニックだけでなく、安全なトレーニングで早く上達するための原理も教えてもらえるはずです。

　レッスンでの服装は、ノースリーブや襟ぐりの深いもの、ショートパンツは適しません。運動に適した服と室内用運動靴を着用してトレーニングを行ないます。具体的にはTシャツ、ジャージ、そして室内用のスニーカーかトレーニング・シューズを着用しましょう。また、小さなアクセサリーや腕時計などは思わぬケガの原因になることがありますので必ず外してください。

安全なトレーニングのポイント

① 運動に適した服と室内用運動靴を着用

② プロテクターは必ず装着する

③ トレーニング前の適切なウォーミングアップ

④ 初めはどのテクニックもゆっくりとやる

⑤ インストラクターに何度かレッスンを受ける

⑥ 本物の武器は決して使わない

⑦ パートナー練習する際はお互い尊重して行なう

安全なトレーニングを行なうためには、適切な服装と、グローブやシンガードなどのプロテクターの装着が必要です。また、ケガをしないようにするには、体の準備も大切です。必ずウォーミングアップから始めるようにしましょう。

武道や格闘技との違いを正しく理解する

護身という観点からいえば、武道や格闘技でも高いレベルで身を守ることは可能でしょう。しかし、クラヴマガは武道や格闘技とは異なり、短期間で効果的な護身テクニックを身につけることができます。

◎武道、格闘技のルールが戦いを限定

　一般に伝統的な武術は教義的なものが多く、過去の達人から伝えられてきた伝統を守ることに意識が向かいがちです。「術＝art」ということで、動きの優美さや細部のちょっとした違いが重要視されます。

　また、昔とは違って、大半の武術がスポーツ化していて、ルールが確立されています。そのこと自体は悪いことではありませんが、ルールが戦いの内容や範囲を限定してしていることは確かです。

　また、総合格闘技も同様です。技術的には、関節技、打撃、投げ技など、広範囲にわたって学びますが、やはりルールに厳しく制限されたなかでの戦いとなります。

　ブラジリアン柔術などの場合も、多くのスクールでは、スポーツとして教えています。グラウンド技術を学ぶなら、最高峰の一つであることは間違いありませんが、打撃や噛みつき、目突きなどへの対処について、積極的に教えることはありません。もちろん、立ち上がって逃げ出すようなことも教えてはくれません。

　このように、少なくとも現在の武道や格闘技が、お互いにルールを守ることによって成立しているのに対して、護身術はルールのない、どんな攻撃も前提としている点が最大の違いです。そして、相手を倒すことが目的ではなく、あくまで危機的状況から身を守るためのテクニックなのです。

◎クラヴマガの「防衛のための戦術システム」

　たしかに、ルールによる制限は、ビギナーがテクニックを練習するうえで
は必要です。パートナーが腿に噛みついてきたら三角締めの練習はできませ
ん。しかし、そうしたストリートファイトの要素を追加していかなければ、
それはスポーツの練習であってセルフディフェンスの練習にはならないので
す。

　クラヴマガでも、理論を学んだり、反復練習をしたりする際には使う技を
制限しますが、頭のなかでは、つねにルールのない戦いを想定していなけれ
ばなりません。

　取っ組み合いをやめて逃げ出したり、何かを見つけて武器にしたりするこ
とも考えるべきなのです。自分はこんなテクニックが使えるぞと、相手に証
明することに意味はありません。クラヴマガの関心は、安全に我が家にたど
り着くことだけなのです。

　クラヴマガは、武術の「術」ではなく「武」に力点があります。不格好な
こともありますが、目的は必ず達成する「防衛のための戦術システム」です。
暴力的衝突に対処するための、論理的で健全なアプローチがクラヴマガなの
です。

安全かつ実戦感覚を養う道具を使う

クラヴマガでは、膝に優しいマットの上でトレーニングを行ないます。同時に、ケガを予防し、より実戦感覚を養うための道具が使用されます。それぞれに用途があり、理想的な練習には欠かせません。共用の道具は用意されていますが、一部は各自でのご用意をおすすめします。

◎より実戦に近い感覚を覚え、ケガも予防

シャドートレーニングなどストライキング（打撃）を空中に打つことにも利点はありますが、クラヴマガ専用の打撃用ミットなどの道具を実際に打ち込むことで、実戦に近い感覚が養われます。さらに、ストレス発散や体幹の強化、心肺機能筋力、柔軟性などもバランスよく向上し、脂肪燃焼の効果も期待できます。

打撃用ミット（大）

打撃用ミット（小）

シンガード＆オープンフィンガーグローブ

キックミット

パンチングミット

トレーニング用武器

ナイフ：絶対に目を突いてはいけません。
　　　　突くときは必ず胸か首にします。
拳銃：絶対に引き金に指をかけてはいけません。
　　　　指を痛めることがあります。
スティック：初めてのトレーニングでは、
　　　　　　パッドの入ったスティックを使用します。

武器使用時の注意点

武器に対するトレーニングを行なう際、特に大切なのは、決して本物の武器を使わないことです。トレーニング用の武器にはいろいろなものがあります。ゴム製のナイフや、拳銃でもゴム製のものもあれば金属製で弾の出ないものもあります。

短期間で効率的な修得をめざす

クラヴマガのシステムは、シンプルで、アグレッシヴで、学びやすく、とっさのときに思い出しやすい実践的なシステムを取り入れています。さらに、習熟度に応じてクラス分けが行なわれるレベル / ベルト制を採用。自身の習熟度を知るとともに、レベルアップを実感することができます。

◎短期間の練習で確実に効果を得られるプログラム

クラヴマガのシステムは、有効性、シンプルさ、および健全な問題解決に重点を置いています。これは、攻撃者が武装していても非武装であっても、攻撃が自分に向けられているか第三者に向けられているかにかかわらず、さまざまなシーンに対して現実的な防御を提供するストリートファイティングシステムです。

実戦も徹底的に意識しています。敵は、必ずしも素手ではなく、ナイフや拳銃などの凶器を保持しているケースも想定してトレーニングを行ないます。また、敵が一人とも限らないため、複数の相手も想定しています。

システムは統合されており、教えられたテクニックと原則は、複数の状況で適用可能であることを意味し、多数の異なる攻撃に適用される反応時間、防御、および反撃に必要な技を学ぶことができます。

また、短期間の練習で確実に効果を得られるようにプログラムが考案されており、「このテクニックを習得した」ということがたちまち実感できます。楽しさ・面白さをすぐに感じとることができるでしょう。

極端なことを言えば、たった１回のトレーニングを受けただけでも、そこで覚えた護身原理とテクニックを使って、その日から自らの身を守ることができます。万一の際、体がどう動くべきか覚えているように設定されているからです。

世界で広く実績のあるベルトシステムを採用

レベルごとの規定出席数を満たすと、ベルトテストの受験資格が発生します。テストに合格すると、クラヴマガ・ワールドワイド認定の公式証明書を発行するとともに、一つ上のレベルのトレーニングを受講いただけるようになります（実際のベルト《＝帯》の授受や着用は行ないません）。希望されない場合は、ベルトテストを受けず、同一レベルに留まることも可能です。

○レベル1：基本的な打撃、護身の動きを身につけることを目的とします。

●レベル2：レベル1を規定回数受講し、イエローベルトテストのワークショップ、およびテストに合格すると、レベル2に参加することができます。このレベルではレベル1で習得したテクニックについて、反復練習を通じてさらに磨きをかけていくと同時に、さらなるテクニックの習得を行ないます。

●レベル3：レベル2を規定回数受講し、オレンジベルトテストのワークショップ、およびテストに合格すると、レベル3に参加することができます。

●レベル4：このレベルはより危険度の高い状況での対処方法を習得することに特化したものです。上級者向けの打撃コンビネーション、武器に対する護身のテクニック、高度な寝技の習得も行ないます。

●レベル5：このレベルはあらゆる状況に対する攻撃、護身、武器に対する護身、寝技などを含む、クラヴマガ上級者専用のものです。また、第3者の護身（自己以外の護身）のテクニックの習得も行ないます。

レベル1
クラス参加
25回以上
イエローベルトテスト

レベル2・イエローベルト
クラス参加
40回以上
オレンジベルトテスト

レベル3・オレンジベルト
クラス参加
100回以上
グリーンベルトテスト

レベル4・グリーンベルト
クラス参加
120回以上
ブルーベルトテスト

レベル5・ブルーベルト
クラス参加**120回以上**かつ
相応の技術を要するもの
ブラウンベルトテスト

レベル6・ブラウンベルト
**ブラウンベルト
相応の技術を要するもの**
ブラックベルトテスト

ブラックベルト

実戦を想定して、不利な状況からスタートする

クラヴマガは、テクニックよりも原理に焦点を絞っています。たとえばそれは、不利なポジションで使えるものであったり、自然の本能（条件反射）に基づいた動きであったりします。実戦的かつ、短期間で習得できる理由がここにあります。

◎不利な状況からはじめるトレーニング

　クラヴマガの護身術はほとんどの場合、中立的な立場または不利な立場からスタートしています。

　すでに紹介しました各レッスンのスターティングポジションにあるように、トレーニングでは、前から首を絞められた状態や、後ろからベアハッグされた状態など、実際に遭遇する可能性のある圧倒的に不利な姿勢から始めます。そこから、適切なフットワーク、手の位置、バランス、体重配分などを考慮しながらテクニックを実行することになります。

　ディフェンダーが脅威を早期に認識することは確かに可能ではありますが、不利な状況（未知の脅威が出現する：肉体的に疲れている：注意が分散している：正しい順序で複数の戦術的決定をしなければならない：負傷している、行動に制限がある：など）からのトレーニングは、身体的、感情的、精神的な障害を克服する助けとなるファイティングスピリットの精神とスキルセットを一つに組み込むように設定されています。

　言い換えれば、メンバーは訓練セッションで最悪の状況に置かれることが多いので、実生活で注意散漫になっているときに身を守ることが要求される場面に遭遇したとき、より低い準備状態から、恐怖を感じながら実行することになります。実際の戦闘で直面するであろう条件の下で効果的に反応し、実行することを想定したトレーニングとして採用しているのです。

◎条件反射だから無意識のなかで手足が動く

　格闘技やほかの護身術では、特定の状況下で「よりよい」と考える技術を教えることがあります。

　ほとんどの場合、そうした技術は体の自然な反応に反して作用し、習得するための訓練に長い時間を必要とします。このようなテクニックは、暴力的な攻撃者に接しているストレス下ではあまり実用的ではありません。

　また、これらのテクニックの多くは、ディフェンダーが攻撃者よりも強くはないにしても、同程度の戦闘能力を持っていなくてはなりません。そうした力関係は性的暴行の場合はまったく存在しないので、このアプローチは女性に向いているとはいえないのです。

　人間は不意に襲われたときはパニック状態に陥り、思考能力が急激に低下します。クラヴマガでは人間の本能的な条件反射（首を絞められれば、締められている手に自然に手が伸びたり、ナイフがくればとっさにはねのけようとする）を基本動作に取り入れているため、パニック状態のときでも頭で考えず、自然に技が出るといった優れた特徴があります。

　クラヴマガは、シンプルで、アグレッシヴで、学びやすく、とっさのときにも思い出しやすい防御と反撃のためのシステムといった考えがあります。そのためトレーニングにおいては、テクニックよりも原理に焦点を絞っています。

防御から攻撃への
切り替えを意識する

攻撃者がターゲットを選ぶ際の条件は、反撃しそうにない大人しい人。想定外の反撃は、早ければ早いほど相手の心理にもダメージを与えます。さらに効果的なのが、急所への攻撃。あなたに必要なのは「やればできる」というスピリットです。

◎攻撃者にとっては思いもよらぬ反撃

　現実的な防御には強い反撃が不可欠です。強力で攻撃的なカウンターは、攻撃の進行を阻止します。攻撃を継続させたり攻撃に対応したりするのではなく、攻撃者に防御をさせるのです。

　この反撃が早ければ早いほど、防御側は、少なくとも感情的には「被害者」から「勝利者」に素早く移行することができます。

　覚えておいてください、ほとんどの犯罪者は、激しく反撃する相手ではなく、大人しい簡単な標的を探しているのです。したがって、攻撃的かつ即時の反撃は、攻撃者を驚かせ、さらなるカウンターと脱出のための開口部を作ることにもなります。その際、目、顎、喉、肝臓、腎臓、鼠径部、指、膝、脛、足の甲などの急所への攻撃が有効です。これらの領域への攻撃は、防御者が少ない努力と強度で最大のダメージを与えることができます。

　また、クラヴマガのトレーニングでは、攻撃からの生存率を高めるために、攻撃的に（たとえば、叩くための鈍器）または防御的に（たとば、盾とするための椅子）、シーンにあるオブジェクトの使用を強調しています。

　戦いはめったに「公平な」ものではありません、これは非常に重要です。女性はより大きく、より強い攻撃者に直面する可能性が高いので、攻撃の開始時からより不利な立場にあります。環境内で見つかった物体を使用することで、防御側は、迅速に危機を終束させることができるのです。

◎「やればできる」というスピリットを持って

　クラヴマガが大切にすることは「防御から攻撃への気持ちの切り替え」ですが、なにも過剰に攻撃的になれというわけではもちろんありません。

　しかし、ファイターが持つ「やればできる」というスピリットは持っていたいものです。いざというときに行動の遅れは許されません。適切で計算された反応を素早く行なうことが重要です。

　クラヴマガのトレーニングでは、問題に正面から立ち向かう勇気を養います。護身の場合、差し迫った危険を除去しなければ命に関わるからです。危険を察知したらすぐに対応する。行動の遅れは許されません。適切で計算された反応を素早く行なうようにしましょう。

　そこでのテクニックはアスリートだけでなく、つねにシンプルで一般の人が使えるものでなければなりません。必要となる知識やスキルは専門的なものであっても、全体のシステムは単純にしておくことが重要です。

　システムが複雑になれば、特にストレスがかかる状況下では、間違いを犯しがちだからです。

危険を察知する習慣を身につける

クラヴマガのトレーニングは、日々の習慣や思考法を、シンプルかつ効率化させることに役立ちます。日常生活で活かせるものには、以下のような要素が挙げられます。ほかにも、実社会に応用できるトレーニングは数多くあります。

◎危険を察知するようなシンプルな習慣

　口論の場面は、単に言い争っているだけのように見えますが、実際には2通りの戦いが繰り広げられているのです。それは、相手との戦いと、自分との戦い（闘い）です。

　ストレスがかかり、疲れもたまり、痛みを覚えるようになると、多くの人はもう終わりにしたいと感じるようになります。しかし、クラヴマガのトレーニングには、障害を克服して、疲れていてもやり続けるタイプの訓練が数多く含まれています。クラヴマガのトレーニングなら、そうした障害をさまざまな方法で克服して、掲げた目標を達成する習慣を身につけることができます。

　自己防衛の重要な要素は、可能なかぎりトラブルを避けることです。そのためには、つねに潜在的な危険を警戒しておく必要があります。かといって、たとえば毎朝電車に乗るのを怖がっていては、おちおち会社へも行けなくなってしまいます。

　ですからクラヴマガでは、普段の行動を妨げずに危険を察知するようなシンプルな習慣を教えています。こうした習慣をビジネスに応用すれば、潜在的な問題に目を配りつつ、それが目標達成の邪魔にならないよう対処できるようにもなります。

◎プレゼンテーションや新規採用者の研修に

　目配りには、周辺視野の拡大や姿勢の改善といった肉体面のものと、ちょっとした違いに気づくような心の持ち方など、精神的なものとがあります。

　クラヴマガの思考プロセスは、シンプルさと効率が基本です。できるだけ少ないテクニックで、できるだけ多くの脅威に対処するのがセオリーです。企業も同じように、関わる人や部署が多ければ多いほど、一般に決断に時間を要します。

　クラヴマガのトレーニングでは、ムダを見つけだし、行動や機能を一新して、幅広い分野を効率よくカバーする方法を学ぶことができます。

　クラヴマガは単なるテクニックの羅列ではありません。重要な状況下で作られたことから、短期間で習得できるように、いわゆる「知識の伝達」のプロセスが開発されています。そのため多くの情報を素早く、多くの人に伝えることができ、しかも、すぐに高いレベルに達することができるようになります。

　このアプローチは、プレゼンテーションや新規採用者の研修など、そのままビジネスに応用することができるでしょう。

トレーニングを通じて
美と健康も手に入れる

クラヴマガのトレーニングは、実戦的な動きをつねに意識した全身運動です。表層筋の筋力アップのみならず、身体の内側にある深部筋が鍛えられ、代謝の向上にも効果的です。

◎筋力とともに精神力も鍛えられる

クラヴマガは、生死のかかった状況で必ず生還するための軍式護身術として発展してきたものですが、軍、警察用と一般人用とでカリキュラムを完全に分けているため、私たちの間でも実戦的な護身術として広く認知され、それのみならず、筋力トレーニングやエクササイズとしても有効であることが広く知られています。

トレーニングメソッドとしての観点だけをとっても、黙々とジムなどでトレーニング行なうだけではなく、楽しみながら身を守る術を習得できると男女どちらからも高い人気があります。

また、全身の筋力をアップさせると同時に、脂肪を燃焼させ、激しい動きに耐えるスタミナをつけ、反射神経を向上させる働きがクラヴマガのトレーニングにはあります。

そしてこの護身術は、メンタルトレーニングとしても優れているともいわれています。

パンチや膝蹴りといった打撃の要素はストレス解消ともなり、またクラヴマガの合理性・効率性を理解して、ストレストレーニングをなすことで心身ともに鍛えられます。

日々の仕事や生活の苦境を乗り越える精神力、そして自分に自信がつき、日々の生活を明るく前向きに過ごすことができる。クラヴマガのこうした側面も注目されています。

◎ダイエット効果も期待できる

　クラヴマガを始めるきっかけの一つとして、運動不足解消のためという方もいます。

　クラヴマガのトレーニングは全身を使った運動です。最初はご自身のペースでトレーニングに参加され、徐々にペースを上げていくことで運動不足解消につながるばかりか、身体の深部筋が発達し基礎代謝が向上するという効果も得られます。

　さらに、打撃トレーニングによるダイエット効果については、もちろん個人差はありますが、脂肪を燃焼し引き締まった体を作るダイエット効果も期待されています。

　クラヴマガのトレーニングでは、筋力トレーニングのみならず、打撃テクニックの一環で、ミットへのパンチ・キック、肘打ち、膝蹴り、場合によってはそれらを全力で行なうといった、激しい全力運動を伴います。それらが効果的な有酸素運動となって脂肪を燃焼し、引き締まった体を作るダイエット効果につながります。

女性のためのクラヴマガQ&A

本書を手にしているということは、多少なりとも護身術に興味を持っている人が大半かと思います。護身術を学ぶには、相手が必要なため、スクールで学ぶのがベストです。一方で、武道や格闘技の経験もないのに、トレーニングについていけるか、心配な人も多いと思います。ここでは、実際にクラヴマガを学んでいる一般女性の声も交えながら、女性から寄せられることの多い5つの質問にお答えます。

Q1 武道や格闘技経験のない女性がスクールに入っても、迷惑になりませんか?

A：まったく問題ありません。クラヴマガのテクニックは、条件反射を利用するため、基本的に誰でも行なえるシンプルで実戦的な護身術です。

　もちろん、人によって上達のスピードに違いはありますが、護身術は自分自身のためのものです。覚えが遅くても、誰かに迷惑がかかるようなことはありません。団体競技ではないため、自分のペースでトレーニングできます。

【先輩からのアドバイス】女性ですし、格闘技は未経験だったため、最初は不安でした。けれども、始めてみると学生時代の部活動のときのような、夢中になって汗を流す楽しさを思い出し、すぐに緊張も解けました。いまは護身術の奥深さにはまっています（I・Sさん／30代会社員／クラヴマガ歴5年）

Q2 どんなきっかけで始める人が多いですか?

A：人それぞれですが、編者のクラヴマガ・ジャパンのメンバーへのアンケートでは、「もし何かあったときのために」という回答が一番になっています。いざというときに自分の身を守ることができるようになりたいという、自立心の強い女性が多いようです。一方で、エクササイズついでに、どうせなら護身術を学んでみようという好奇心から始める人も少なくありません。動機にいいも悪いもありません。本人が楽しんで学べることが大切です。

【先輩からのアドバイス】何か格闘技を始めたくて、いろいろ検討しましたが、種類が多過ぎて、ずっと決められずにいました。そんなときに、護身術なら普段の生活でも役立ちそうだと思って調べたところ、クラヴマガを知りました。クラヴマガに限らず、スクールを選ぶときは、見学や無料体験を活用しましょう。自分に合ったスクールを選んだほうが、結果的に長続きすると思います（M・Kさん／30代会社員／クラヴマガ歴5年）

Q3　クラヴマガを学んでいる女性はどれくらいいますか?

A：クラヴマガは護身術のため、全国大会のようなものはありません。そのため、全国で何人の女性がクラヴマガを学んでいるかは不明です。あくまでクラヴマガ・ジャパンに限っていえば、メンバーの３割は女性です。ちなみに年齢層では、20 ～ 40歳代が多くなっています。別の格闘技で全国大会レベルの実績を持つメンバーもいますが、体力的に劣る小学生から高齢者までさまざまです。

Q4　本やDVDなどを使って、独学で学ぶことはできますか?

A：本や DVD でクラヴマガの知識を身につけるだけでも、何も知らない人より身を守る能力は格段にアップすると思います。パンチやキックなど、自宅などでもある程度、トレーニングできるものもあります。

　とはいえ、一人で行なうトレーニングは、実際に攻撃を受ける機会がないので、攻撃のプレッシャーを感じたり、護身のポイントを実感することができません。やはり、きちんと学ぶには、安全管理の下で、対人練習を行なうことが必要です。

【先輩からのアドバイス】護身術ですから、トレーニングはペアで行なうのが基本です。以前、スポーツジムに通っていた頃は、マシン相手にひたすら一人汗をかく感じでした。しかし、クラヴマガのような護身術は仲間と一緒にトレーニングするため、モチベーションが上がります。(K・I さん／ 30 代会社員／クラヴマガ歴 6 年)

Q5　基礎体力がないだけではなく、視力もとても悪いのですが、大丈夫でしょうか?

A：ボクシングなどと違って、目に直接パンチを受けるようなことはないので、コンタクトレンズを装着したまま練習できます。基礎体力についてはあるに越したことはありませんが、トレーニングを重ねるうちに自然とついてくるものです。心配無用です。

クラヴマガ用語集

クラヴマガでよく登場する用語をまとめました。トレーニングを効率よく行なうためには、用語の理解は不可欠です。本用語集の一部は、本書のレッスン内でも使われている用語です。わからなくなった場合の辞書としてお使いください。

	用 語	意 味
ア	アウトサイドアーム（レッグ）	相手から遠い方の腕（足）のこと。「アウトサイドフット」という使い方も。
	アウトサイドディフェンス	方向をそらしたり、動きを止めたりする防御のうち、腕や足を体の中心から外へ向かって動かすもの。
	アタッカー	攻撃する側の人間。
	アッパーカット	肘を曲げたまま下から上に突き上げるパンチ。
	インサイドアーム（レッグ）	相手に近い方の腕（足）のこと。「インサイドフット」という使い方も。
	インサイドディフェンス	方向をそらしたり、動きを止めたりする防御のうち、腕や足を体の中心に向かって動かすもの。
	ウィービング	頭や上体を上下左右に動かし、相手の攻撃をかいくぐるようにかわす防御方法。
	エルボー（肘打ち）	鋭角に曲げた肘を、相手の顔面や喉、肋骨や胃などに打ち込む攻撃方法。接近戦で有効。
	オフアングル	攻撃を出しやすい側（ライヴサイド）から大きく離れた角度に相手がいる状態。
	ガードポジション	仰向けになっている下の人が、上の人の胴体を両足で挟み込んである程度コントロールしている状態。
カ	キャヴァリエ（キャップ）	リストロック（手首固め）のこと（クラヴマガ創始者のイミ・リヒテンフェルドがこう呼んだことに由来）。

	用 語	意 味
カ	グラウンド ファイティング	相手を倒し、または相手に倒された状態における、打撃および 寝技の戦い（攻防）のこと。
	グラップリング	寝技もしくは組み技のこと。
	グリップ	握ること。または握っている部分。
	クリンチ	相手の体に組みついて、相手の動きを止めて攻撃をかわすテク ニック。
	クロス	ストレートパンチの種類で、戦い（ファイティング）のスタンス から後ろの手で打つパンチ。
	コンバティヴ （戦闘テクニック）	パンチ、キック、エルボーなど、攻撃的な技全般のこと。これら は自分の身を守ったり、脅威を除去したりするのにも用いるた め、クラヴマガではファイティング（戦い）とセルフディフェンス （護身）の両方に使える〝弾道テクニック〟として学ぶ。
	コンビネーション	攻撃でのキックやパンチ、防御での動作など、技や動作を連続 して行なうこと。
サ	サイドポジション	上の人が、仰向けになっている下の人の胴体を横から抑え込ん でいるマウントの状態のこと。
	ジャブ	ストレートパンチの種類で、戦い（ファイティング）のスタンス から前の手で打つパンチ。
	シュリンプ （エビ）	相手に馬乗りされたとき、エビのように体を丸めながら相手か ら腰や脚を引き抜いて脱出する動作。
	掌底 （パームヒール）	手のひらの手首側下部の肉厚な部分。おもに相手と接近してい る状態で、頭や顔面に対して「掌底打ち」を行なう。
	スイッチ	体勢や技の前後左右を切り替えること。
	スタブ （スタビング）	突き刺すような動きのこと。もしくはナイフなどで突き刺すこ と。
	ステップバック	間合いをとりながら相手から離脱する動作。
	ストッピング	相手の攻撃を止めることを目的とした動作のこと。
	ストライク	キックやパンチなど、打撃全般のこと。
	ストンピング	倒れている相手を足で踏みつけること。

	用語	意味
サ	**エルボー (肘打ち)**	鋭角に曲げた肘を、相手の顔面や喉、肋骨や胃などに打ち込む攻撃方法。接近戦で有効。
	スラッシュ	ナイフなどで切り裂くように攻撃してくること。
	スラップキック	足や足首で、横にはたくように行なうキックのこと。
	スリッピング	おもにストレートパンチやアッパーカットを避ける技術。左パンチなら自分から見て右側に頭や体を動かして避ける。
	スロー	投げ技のこと。
	セルフディフェンス (自己防衛・護身)	クラヴマガでは、首絞めやベアハッグ、ヘッドロックなどの締め技や組み技 (ホールド技) への防衛を意味することが多い。
	前腕	腕の肘から手首の部分。おもにパンチやハイキックの防御で使う。
	ソフトテクニック	与えるダメージの少ない防御方法。無駄な戦闘を避け、潜在的な危険から逃れるために用いる。
タ	**チョーク (首絞め)**	基本的な締め技 (ホールド技) の一つ。
	テイクダウン	相手をグラウンドに倒すこと (同時に自分もグラウンド状態になるため、相手が複数の場合はできれば使わない)。
	ディフェンダー	攻撃を受けている側の人間 (護身者) ⇔アタッカー (攻撃者)。
	デッドサイド (体の反対側)	自分から見て、攻撃しにくい方のサイド。左足を前に出したファイティングスタンスなら、左側がデッドサイド。
	トラップ	一般的には「罠」として使われるが、クラヴマガでは「捕まえる」のニュアンスを込めて使われることが多い。
ナ	**ナックル (拳)**	クラヴマガでは拳のなかでも、人差し指と中指の部分を指すことが多い。
	ニーアタック (膝蹴り)	相手の体を下向きに引きながら、膝を鋭く蹴り上げる。エルボー (肘打ち) と同様に接近戦に有効な技。
	ニュートラルスタンス	自然体。準備のない無防備な姿勢のこと。クラヴマガではこの状態から攻撃されても対処できるようトレーニングする。

	用語	意味
ハ	**バーアーム**	前腕部（腕の肘から手首）を首に回して喉を潰す攻撃。
	バースト	足を使った瞬間的な動きのこと。前進して、相手の懐に一気に飛び込む動作を指すことが多い。
	バックワード	後ろ向き。
	パッシヴスタンス	ニュートラルとファイティングの中間のスタンス。相手から攻撃を受ける可能性があるときにとる構え。
	ハンマーフィストパンチ	拳を握った状態で、小指側の肉のついている部分で打つパンチのこと。
	ヒールキック	踵で蹴るキックのこと。
	ファイティングスタンス	相手と対峙し、戦いが避けられなくなったときに最初に構えるスタンスのこと。
	フォールブレイク	倒れる際の受け身のこと。
	フック（かぎ、鈎の形）	自分の手をL字にして、相手の手や足を引っかけること。
	プラック（引き剥がす）	自分の手をL字にして、相手の手や足を引き剥がすこと（通常、本能的に両手で行なうが、体勢によっては片手で行なう）。
	フルネルソン	背後から相手の左右の脇の下から両腕を差し込み、首の後ろで手を組み合わせて行なう締め技。
	フロントキック	前蹴りのこと。
	ヘアグラブ	髪をつかむこと。
	ベアハッグ	両腕で相手の胴回りや胸回りを抱き込むこと（前後は問わない）。そのまま、持ち上げて連れ去ったり、投げるなどの動きに続く。
	ベイルアウト	相手の攻撃してくるラインの外に移動（脱出）すること。
	ベース	支えや土台のこと。「ベースフット」は軸足を指す。

	用 語	意 味
ハ	ヘッドディフェンス	頭部だけで相手の攻撃をかわす動作。
	ヘッドバット	頭突き。
	ヘッドロック	頭、顔、首周辺を前腕で締め上げること。
	ボビング	上体を上下や左右に振って、相手のパンチなどをかわすこと。
	ホールド	締め技もしくは組み技のこと。
マ	マウント	グラウンドファイティングで相手に馬乗りになること。
	マウント ポジション	マウント状態で、上の者が下の者の胴体に正対している場合のこと。柔道の縦四方固めの体勢に似ている。
	ミラーサイド	相手と向き合った際、同じ側の腕や足を指す。たとえば、相手が右手を出してきた場合は自分は左手となる。
ラ	ライヴサイド （体の正面側）	自分から見て、攻撃を出しやすい方のサイド。左足を前に出したファイティングスタンスなら、右側がライヴサイド。
	ラウンド	円の動きのこと。「ラウンドキック」は回し蹴りのこと。
	リストロック	手首固めのこと。手首を内側や横側に捻り極めること。
	リダイレクト	相手のパンチやキックの軌道を自分の前腕部を使ってそらし、受け流すこと。相手の攻撃を意図した標的からそらすディフェンステクニック。
	レッグラップ	相手に足を巻きつけること。
	ロール（回転）	回転する動きのこと。
ワ	ワン・ツー	ストレートパンチのコンビネーション。左足前の構えであれば左、右の順でパンチを打つこと。

日本のクラヴマガの先駆者
故・松元國士について

元クラヴマガ・ジャパンCEO兼会長
Japan チーフインストラクター
クラヴマガ ブラックベルト3段
クラヴマガ・ワールドワイド リードインストラクター

　クラヴマガを日本に広めた功労者として誰もが認めるのが、故・松元國士氏です。松元はクラヴマガ・ジャパン設立者にして、日本にクラヴマガを持ち込み普及させた第一人者であり、クラヴマガ・ワールドワイドにて世界最高のインストラクターの一人と評された人物です。

　松元がクラヴマガを知ることになり、その門を叩いたのは、1998年、アメリカの大学に通っているときでした。たまたま友人と見ていたテレビ番組でクラヴマガの存在を知り、その映像に衝撃を受け、翌日に入門。ロサンゼルスにあるクラヴマガ・ワールドワイド総本部にて U.S. チーフインストラクターであるダレン・レバインに師事しました。

　さらに同時期に、クラヴマガを原点として、ボクシング、ムエタイ、ブラジリアン柔術など、さまざまな格闘技の技術を追求。2001年にはフィンランドに渡り、シュートファイティング・元ヨーロッパチャンピオンのユサ・サウラマのもと、ボクシング、キックボクシング、シュートファイティングの武者修行を行ないます。

　その後もイスラエルをはじめ、ヨーロッパ各地で訓練を続け、同年12月イスラエルにてアジア人初のクラヴマガ・インストラクターの資格を授かりました。

　2002年にはクラヴマガ・ワールドワイドよりリードインストラクターに任命され、以降も米国ロサンゼルスのクラヴマガ・ワールドワイド総本部を本拠地に、世界各地でクラヴマガの指導、修行に励みました。

Instructor / Kokushi Matsumoto

その年の 10 月、松元は日本に帰国。クラヴマガ・ジャパンを設立し、日本におけるクラヴマガの普及活動を開始しました。2003 年 10 月にはクラヴマガ・ワールドワイドと提携。2004 年 3 月には東京・市ヶ谷に日本初のクラヴマガ専用のトレーニング施設、クラヴマガ・ジャパン市ヶ谷トレーニングセンターをオープン。その後、我が国におけるクラヴマガ指導者の育成に従事しつつ、一般人向けクラス指導やセミナーなどを数多く手がけました。

　松元の名前は広く知られるようになり、2009 年にはフジテレビ月 9 ドラマ『東京 DOGS』をはじめ、テレビや映画などのアクションも数多く監修しています。スタジオを運営するかたわら、生活の半分は海外に拠点をおき、CIA、シークレットサービス、ロサンゼルス市警 (LAPD)、特殊部隊 SIS、ロサンゼルス郡警察 (LASD)、FBI 特別捜査官、SP、米軍特殊部隊など、世界各国で数多くの特殊部隊、警察、軍、政府機関、民間の警備会社への指導を行なってきました。

　2018 年 1 月、その早過ぎる逝去に至るまで、松元は世界各国で指導や指導者育成に励み、クラヴマガの普及活動を通じて、世界平和の理念のもと精進を続けました。
「世界、そして日本の人々が、心身ともに自信を持って、どんな人にも、明るく、楽しく、優しくなれる毎日を送れるように――」
　クラヴマガに寄せる松元の想いは、クラヴマガに携わる一人ひとりに受け継がれています。

東京・市ヶ谷トレーニングセンターで指導する松元國士

クラヴマガ・ジャパン
加入方法のご案内

　クラヴマガ・ジャパンでは、常時新規メンバーを募集しています。新規加入にご興味のある方は、各クラスの見学・体験もできます。またメンバー向けクラスのほかに、各テーマによるセミナーや講習会を年数回開催しています。

　加入方法や見学等の詳細については、クラヴマガ・ジャパンのウェブサイト https://www.kravmaga.co.jp をご覧ください。

　クラヴマガ・ジャパンでは、習熟度に応じてクラス分けが行なわれるレベル／ベルト制を採用しています（世界でもっとも大きなクラヴマガ指導団体の一つであるクラヴマガ・ワールドワイド公認の、世界で広く実績のある認定制度を採用しています）。

　レベルごとに定められた期間と経験を満たすと、ベルトテストの受験資格が発生します。テストに合格すると、クラヴマガ・ワールドワイド公認の証明書を発行するとともに、1つ上のレベルのトレーニングを受講できます。

クラヴマガ・ジャパン　本社【事務局】
〒102-0074　東京都千代田区九段南 4-6-13　ニュー九段マンション 501 号室
Tel: 03-3263-4555 Fax: 03-3263-4777
E-Mail: contact@kravmaga.co.jp

Training studio

2020年7月時点

〈市ヶ谷トレーニングセンター〉東京都千代田区九段南 4-3-13 麹町秀永ビル B1F
〈青山トレーニングセンター〉東京都港区北青山 3-15-9 AOYAMA101 ビル B1F
〈大阪トレーニングセンター〉大阪府大阪市中央区北久宝寺町 2-1-15 船場エースビル 2F
〈大阪 NAS スタジオ〉大阪府大阪市西区九条南 1-12-33 フォレオ大阪ドームシティ 3F
〈名古屋スタジオ〉愛知県名古屋市中村区椿町 8-3 丸一ビル 5F・4F

【編者紹介】

クラヴマガ・ジャパン

クラヴマガの創始者イミ・リヒテンフェルドの遺訓を受けた、U.S. チーフインストラクターであるダレン・レバインに師事した松元國士が、2002 年に創立した日本法人。2003 年、クラヴマガ・ワールドワイドと提携。2004 年、東京・市ヶ谷に日本初のクラヴマガ専用のトレーニング施設、クラヴマガ・ジャパン市ヶ谷トレーニングセンターをオープン。現在国内に 5 カ所のトレーニング施設を持つ。会員は男女合わせて約 1,300 名以上が所属している。https://www.kravmaga.co.jp

【撮影協力】

藤原斉／中村康之
岩崎光容／山本章人
大塚則志（企画）
猶原淑子／三井加奈

クラヴマガ for WOMAN
世界が選んだ実戦護身術

発　行　　　2020 年 8 月 7 日 初版第 1 刷発行

編　者　　　クラヴマガ・ジャパン
発行者　　　須藤幸太郎
発行所　　　株式会社三交社
〒 110-0016
東京都台東区台東 4-20-9 大仙柴田ビル 2 階
TEL 03（5826）4424
FAX 03（5826）4425
URL: www.sanko-sha.com

本文デザイン・装幀　　野村道子（bee'sknees-design）
撮影　　　　　　　　　田中研治
編集協力　　　　　　　飯野実成／佐々木一弥
印刷・製本　　　　　　シナノ書籍印刷株式会社

三交社
定価：本体2,800円＋税

クラヴマガ・ジャパン公式ガイドブック

〝世界最高水準の護身術〟がこの1冊で完全網羅!!

人間の本能＝条件反射に基づく、
誰もが学べる護身テクニック。

精神力×身体能力を鍛えて、
ココロとカラダに自信をつける。